钱 炜 丁子珊 袁 媛 主编

机械工程专业
课程思政案例集

化学工业出版社

·北京·

内 容 简 介

本书介绍了机械工程专业课程思政教育的实现路径，赋予专业课程价值引领的重任。书中围绕课程思政主元素开展课程设计，并融入机械工程专业"理论力学""材料力学""机械原理""智能制造技术""复杂机电系统综合设计""工程制图""机械设计""机械制造技术""机械装备结构设计""机电一体化系统设计""液压与气动技术""机械测试与控制基础""虚拟设计与制造""工业机器人""机械创新及实践""机器人技术基础""热工基础""精密加工技术""先进制造技术""机械工程综合实验B""毕业设计"等课程中。

书中的课程思政教育案例既丰富了课程教学内容，同时也加深了课程教学内容的深度和广度，为专业知识传授和思政教育提供了方法借鉴及生动的结合案例素材。可供相关教师使用，也可作为教育领域相关专业人士的参考或学习用书。

图书在版编目（CIP）数据

机械工程专业课程思政案例集/钱炜，丁子珊，袁嫒主编.
—北京：化学工业出版社，2022.6
ISBN 978-7-122-41055-9

Ⅰ.①机… Ⅱ.①钱… ②丁… ③袁… Ⅲ.①高等学校-思想政治教育-教案（教育）-中国 Ⅳ.①G641

中国版本图书馆CIP数据核字（2022）第052672号

责任编辑：韩庆利　旷英姿　　　　　　　文字编辑：张柄楠　师明远
责任校对：杜杏然　　　　　　　　　　　装帧设计：刘丽华

出版发行：化学工业出版社（北京市东城区青年湖南街13号　邮政编码100011）
印　　装：北京科印技术咨询服务有限公司数码印刷分部
710mm×1000mm　1/16　印张 $9\frac{1}{4}$　字数165千字　2022年9月北京第1版第1次印刷

购书咨询：010-64518888　　　　　　　　售后服务：010-64518899
网　　址：http://www.cip.com.cn

凡购买本书，如有缺损质量问题，本社销售中心负责调换。

定　　价：58.00元　　　　　　　　　　　　　　　　版权所有　违者必究

前言

进入新时代,培养什么人、怎样培养人、为谁培养人成为中国高等教育必须回答的根本问题。高校作为人才培养的主阵地,只有坚定贯彻党的教育方针,坚持社会主义大学办学方向,遵循教育为人民服务、为中国共产党治国理政服务、为巩固和发展中国特色社会主义制度服务、为改革开放和社会主义现代化建设服务的基本要求,才能承担起培养担当民族复兴大任的时代新人的历史使命和时代责任。

目前我国高等教育与新时代的需要之间还有差距。现实教学中,有的政治理论课因为其说教形式而无法引起学生的兴趣甚至引起学生反感抵触;专业课教学过程中,有的高校教师仅注重教学过程和知识点的讲解,缺乏人文关怀、信念信仰和思想方法,缺少"德"的元素,不利于学生德智体美劳全面发展。本书针对这些问题,基于"三全育人"的指导思想和中国工程教育认证的要求,结合上海理工大学机械工程专业课程中蕴含的丰富的思政元素,通过专业教师对课程的深度挖掘,在已有思政元素的基础上进一步拓展和思考,突显专业课程的价值取向,充分体现不同课程的特色与优势,形成特色鲜明、优势突出、融合互补的机械类课程体系,回归教育的本质和初心,实现知识传授与价值引领结合,为党育人,为国育才,努力提升教学效果。

本书首先介绍了开展课程思政教育的重要意义以及上海理工大学机械工程专业课程思政的实现路径,在继续巩固思政课程主渠道主阵地作用的基础上,推动课程思政全覆盖,赋予专业课程价值引领的重任,并进一步提升和改善机械工程专业学科的育人成效。本书的具体章节将按照以下内容开展:

第一章将工程德育置于课程思政建设之首,通过"理论力学""材料力学""机械原理""智能制造技术"以及"复杂机电系统综合设计"中的课程案例,厚植家国情怀,激发信仰力量,倡导并践行社会主义核心价值观和爱国主义精神;

第二章通过"工程制图""机械设计""机械制造技术""机械装备结构设计"以及"机电一体化系统设计"中的案例，激励学生传承精益求精的工匠精神，提高思想道德素养，以及服务国家、服务人民的社会责任感；

第三章发挥高校教师自身的学科研究优势，以课程"液压与气动技术""机械测试与控制基础""虚拟设计与制造""工业机器人""机械创新及实践"和"机器人技术基础"中的案例，激发学生的创新活力，肩负起历史赋予的创新使命；

第四章融合了"热工基础""精密加工技术""先进制造技术""机械工程综合实验B"以及"毕业设计"中的关于资源与生态的案例，注重鼓励学生利用专业知识促进传统产业绿色化改造，坚持生态优先，践行绿色发展，牢固树立保护生态环境就是保护生产力、改善生态环境就是发展生产力的理念。

本书中的课程思政教学案例既丰富了课程教学内容，同时也增加了课程教学内容的深度和广度，为专业知识传授和思政教育提供了借鉴方法及生动的工程案例素材。

本书由上海理工大学钱炜、丁子珊和袁媛担任主编，其他参编人员有刘德强、丁晓红、吴恩启、沈伟、王新华、申慧敏。本书中的课程思政教学案例由上海理工大学机械工程专业相关课程的专业教师胡育佳、余慧杰、李天箭、吴恩启、王艳、朱文博、张永亮、沈伟、周静、陈光胜、杜宝江、申慧敏、曲征洪、冯春花、高佳丽、林献坤、丁子珊、姜晨、叶卉、陈龙、王新华等提供，在此一并感谢。

钱炜
于上海理工大学

目录 CONTENTS

绪论 ·· 001

第一章 厚植家国情怀 激发信仰力量 ································ 009

第一节 理论力学课程思政教学案例 ··· 011
第二节 材料力学课程思政教学案例 ··· 016
第三节 机械原理课程思政教学案例 ··· 021
第四节 智能制造技术课程思政教学案例 ································· 024
第五节 复杂机电系统综合设计课程思政教学案例 ················· 031

第二章 传承精益求精 弘扬工匠精神 ································ 037

第一节 工程制图课程思政教学案例 ··· 039
第二节 机械设计课程思政教学案例 ··· 043
第三节 机械制造技术课程思政教学案例 ································· 047
第四节 机械装备结构设计课程思政教学案例 ························· 054
第五节 机电一体化系统设计课程思政教学案例 ····················· 059

第三章 激发创新活力 勇担制造使命 ································ 067

第一节 液压与气动技术课程思政教学案例 ····························· 069
第二节 机械测试与控制基础课程思政教学案例 ····················· 076
第三节 虚拟设计与制造课程思政教学案例 ····························· 080
第四节 工业机器人课程思政教学案例 ····································· 086
第五节 机械创新及实践课程思政教学案例 ····························· 092
第六节 机器人技术基础课程思政教学案例 ····························· 096

第四章 坚持生态优先 践行绿色发展 ……………………… 107

第一节 热工基础课程思政教学案例 …………………………………… 109
第二节 精密加工技术课程思政教学案例 ……………………………… 114
第三节 先进制造技术课程思政教学案例 ……………………………… 118
第四节 机械工程综合实验 B 课程思政教学案例 ……………………… 122
第五节 毕业设计课程思政教学案例 …………………………………… 131

绪　　论

开展课程思政教育的重要意义

"课程思政"是高校坚持以习近平新时代中国特色社会主义思想为指导，落实立德树人根本任务的教育理念创新和实践创新；是高校以习近平总书记关于教育工作的重要论述为根本遵循，把思想政治工作贯穿教育教学全过程的必然选择。深入探索"课程思政"教学规律，多维度增强"课程思政"实效，让所有课程都成为育人的主渠道，增强知识传授与价值引领的有机融合，才能更好地实现润物无声、立德树人。2019 年 9 月，上海市教委在全市高校中实施了"领航计划"，上海理工大学和其机械工程学院分别获批上海市课程思政领航高校和领航学院。

新时代强调"课程思政"是对教育本质的重识和解蔽，是将教学内容从知识与能力的维度推进到价值维度，回归教育的"初心"。

1. "课程思政"是新时代的召唤

教育是国之大计、党之大计，新时代需要培养社会主义事业建设者和接班人，需要培养一代又一代拥护中国共产党领导和我国社会主义制度、立志为中国特色社会主义奋斗终身的有用人才。目前，我国教育与新时代的需要之间还有差距，现实教学中，有的政治理论课因为其说教形式而无法引起学生的兴趣甚至引起学生反感抵触；专业课教学过程中，有的教师仅注重教学过程和知识点的讲解，缺乏人文关怀、信念信仰和思想方法，没有将"盐"融入汤中，缺少"德"的元素，不利于学生德智体美劳全面发展。因此，需要"课程思政"和"思政课程"协同育人，使思政课教学在破解其自身的"孤岛"现象中更接地气和更有针对性；也使专业课教学因思想政治教育内容的有机融入而更加丰富多彩。"课程思政"立德树人，不仅讲政治、讲理想信念、讲乐于奉献，还讲能力、讲创新意识，一言以蔽之，"课程思政"协同育人是对新时代召唤的及时应答。

2. "课程思政"是培养人才的需要

大学是一个培养人的地方，大学建立了教学楼、实验室、图书馆等教学资源，为大学生搭建了一个非常好的教学平台，创造了一个优越的学习环境，人学提供的这种专业教学平台，大学生应该珍惜利用。工科大学是国之重器的摇篮，建设强大的社会主义中国，实现强国梦，首先是培养人才。而人才培养最根本的问题是培养什么人、如何培养人以及为谁培养人等。我们的大学必须承担起培养社会主义建设者和接班人的历史使命。要完成这一伟大使命，必须扎根中国大地办大学，把为人处世的基本道理、社会主义核心价值观的基本要求和实现民族复兴的伟大理想与责任担当等思政教育内容融入课程教学之中，实现"课程思政"协同育人。

3. "课程思政"是一种新的思想政治教育观

思想政治教育是指"社会或群体用一定的思想观念、政治观点、道德规范，对其成员施加有目的、有计划、有组织的影响，并促使其自主地接受这种影响，从而形成符合一定社会一定阶级所需要的思想品德的社会实践活动"。教育是面向人的工程，绝不仅仅是知识的灌输，而是要在知识和技能的培养过程中将某种精神和某种价值传递给受教育者。"课程思政"开辟了高校思想政治教育的新渠道，它在思政课程这一专门性课程和主渠道之外，充分挖掘各类课程的思想政治教育功能，实现思想政治教育载体的拓展、思想政治教育队伍的扩大、思想政治教育内容的丰富和思想政治教育方法的创新，从而形成一种崭新的思想政治教育观。

机械工程专业课程思政实现路径

"课程思政"作为一种崭新的教育观，强调尊重教育规律，坚持立德树人，所有课程都有立德育人的功能，所有教师都有立德育人的职责，所有课堂都是立德树人的主渠道，其实质在于形成"三全育人"，即全员育人、全过程育人、全方位育人的教育局面。

1. 依据专业学生特点设计课程，引领全员育人

机械类专业是工科类专业，对工科类学生的要求通常强调思维的逻辑严密性、严谨和深入，工科思维相对关心解决问题的方法，即针对问题怎么做、用什么方法做。具有工科思维的人，比较严肃，思维严谨，规则意识强，为了应对将来的就业和竞争，学生们更注重专业知识的学习，而对反映人文的学科和价值理性有所忽视，对人文社科课程重视不够，存在着人文精神和专业教育不匹配、思政教育和专业教育融合不够等问题。

针对机械专业学生的上述特点，上海理工大学机械工程学院成立了"课程思政"领导小组，由学院主要领导落实推进"课程思政"工作。根据教学发展的需要，结合中国工程教育的要求，全面修订专业课程的教学大纲，把思政内容进行系统梳理和挖掘，形成与专业课程知识密切相关的思政教学案例，思政内容从贴

近到融合，达到润物细无声的境界，从而实现价值引领，为国家智能制造装备业培养卓越人才。"课程思政"的多学科性有利于"思政课程"汲取营养，"思政课程"始终在关注、学习中央精神上走在其他课程的前面。两种不同类型的课程同向同行必须要有一种联动机制，需要推动学校制度创新，它包括：做好课程的教学设计，创新教学方法，挖掘思政元素，丰富课堂内容，提升学生的参与度等，最终达到引领全员育人的目的。

2. 以校史、学科史、专业史充实课程思政内容

上海理工大学这所巍巍学府，沧桑百年，薪火相传，弦歌不辍，孕育了一大批爱国青年和志士仁人，滋养了一大批学术精英、工程专家和社会翘楚，为国家和社会培养了十余万优秀专业人才，享有中国"制造业黄埔军校"的美誉。学校在融合传承创新中凝练形成"信义勤爱，思学志远"的校训精神，激励"上理人"守正出新，砥砺奋进。刘湛恩老校长凭借自己的努力成为一代教育家，创造了辉煌的人生。他生逢战乱，面对死亡的威胁，仍然笃守信仰，为正义而呐喊，体现了正直知识分子的一种良心，实践了一个知识分子对社会的一份责任，弥足珍贵。

机械学科是上海理工大学最悠久的学科之一，其发展历程如图 0-1 所示。早在 1912 年，同济德文医工学堂成立了机电、医科和德文 3 个专业。1952 年，在沪江大学基础上成立的上海工业学校下设机械、电机和化工 3 个专业，同济德文医工学堂发展为上海机械高等专科学校，上海工业学校更名为华东工业大学，两者于 1997 年组建为上海理工大学。2000 年之后，随着国家和学校的发展，机械学科也得到了迅猛发展，不但取得了博士学位授予权，而且成为教育部综合改革试点专业、教育部卓越工程师教育培养计划试点专业，2017 年机械设计制造及其自动化专业通过中国工程教育认证，并于 2019 年获批"双万计划"国家级一流本科专业第一批建设点和上海高校"课程思政"领航示范专业，2018 年车辆工程专业通过中国工程教育认证，2020 年获批"双万计划"国家级一流本科专业建设点。这些都已经并继续充实"课程思政"内容。更为重要的是，通过校史、学科史和专业发展史的教育，展示学校学科、专业特色，使得"上理工"的毕业学生身上深深打下"上理工"的"烙印"，体现"上理工"培养人才的特色：勤奋、务实，服务于社会，承担制造强国使命。

3. 思政元素融入培养方案、教学大纲

牢牢把握"为谁培养"及"培养什么样的人"这两个核心，严格依据"课程思政"要求及育人目标修订培养方案和教学大纲，深化"课程"与"思政"的融合，

增加人生观、价值观、家国情怀、专业特色、工程伦理、社会发展需求等内容，这些内容可以提高学生学习专业知识的兴趣，从而把全过程育人的理念运用到培养体系中，把"课程思政"贯穿培养方案的始终，使学生在大学四年不同的学习阶段都能体会到"课程思政"的教育引领。

机械学院思政课程团队与马克思主义学院思政课程团队集体备课，探索课程思政建设之路，多学科多视角打磨课程思政教学内容、价值观植入方式，深度挖掘课程思政案例，将德育元素以及建党百年大背景下的党史学习教育融入专业课教育。

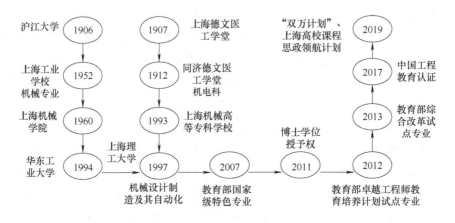

图 0-1 上海理工大学发展历程

4. 专业课程体系协同育人

专业课及其课堂是"课程思政"的落脚点和实施地。"课程思政"与"思政课程"同向同行对于专业课教师而言，不论是政治素养还是综合教学能力都提出了更高的要求，专业课教师不仅要有扎实的学识和精湛的业务，而且要对国家的战略发展及党的创新理论有正确把握，这样才能使专业知识与思政元素有效融合，从而在专业知识和技能的传授过程中体现协同育人的建设目标。在"课程思政"建设过程中，还应充分发挥党员教师在"课程思政"建设过程中的先锋模范作用。

教师在课程思政协同育人中起着关键作用，除了积极投身"课程思政"外，还要言传身教，创新授课方式，使用多媒体、翻转课堂等手段呈现课程思政内容，深度挖掘"课程思政"元素，如通过典型案例，发动学生主动参与到"课程思政"教学实践中来，把严谨求实、家国情怀、工匠精神、理想信念等传授给学生，从而实现专业课程体系协同育人的教学目标。

特别要提高青年教师的育德能力,在师德师风及教学技能上发挥老教师的指导作用,协助学院培养青年教师,帮助青年教师站好讲台,过"教学关",充当课程思政的主力军。

第一章

厚植家国情怀 激发信仰力量

第一章　厚植家国情怀　激发信仰力量

千百年来，中华民族之所以能够历经磨难而不衰、饱尝艰辛而不屈，近代以来，实现民族复兴之所以成为中华民族最伟大的梦想，根植于民族文化血脉深处的家国情怀居功至伟。新时代的大学生更应该了解历史，关注当下，将个人发展融入国家发展的进程中。

爱国主义是对祖国的一种积极和支持的态度，集中表现为民族自尊心和民族自信心，是为保卫祖国和争取祖国的独立富强而献身的奋斗精神。基于此，本章主要介绍了上海理工大学机械工程专业五门课程的思政教学案例："理论力学"介绍了钱学森和郭永怀等力学家突破西方国家的封锁，为我国"两弹一星"做出卓越贡献的事迹，厚植家国情怀；"材料力学"从中国的大规模基建入手，说明中国的日益强盛和壮大，并以此引入材料力学在基础建设中的重要作用；"机械原理"通过机械发展史讲述了中国在齿轮制造等领域的辉煌成就，激发同学们的民族自豪感和民族复兴的信心；"智能制造技术"以智能制造技术核心的工业软件的"卡脖子"问题，激发学生树立以国家利益为引导的技术攻坚克难决心；"复杂机电系统综合设计"通过航空航天增材制造技术与国产数控机床制造技术的讲述，进一步深入引导学生在专业领域树立更加高远的理想追求。

通过讲解案例中我国机械学科的光辉历史和高端数控机床制造、芯片研发等新技术，激发学生的民族自豪感和爱国主义精神。案例中既有科学家的故事，也有热点新闻，通过知识点和案例的结合加强理论知识的学习效果，促进深入思考，引导学生增强中国特色社会主义道路自信、理论自信、制度自信、文化自信，厚植爱国主义情怀，激发信仰力量。

第一节　理论力学课程思政教学案例

一　课程基本信息

（一）课程思政教学定位

理论力学属于专业基础课，主要培养学生对专业问题的分析和计算能力。通过本课程的学习，主要培养学生解决专业问题的科学思维、综合计算分析能力和创新能力，并通过对力学家事迹的学习，让学生树立正确的世界观、人生观和价值观，坚定学好专业知识、报效祖国的信念。

（二）课程思政教学案例设计思路

介绍"两弹一星"中的力学家的故事，通过我国航天人的实际案例，引导学生对力学课程研究对象的进一步认识。在课程中播放卫星发射视频，介绍在卫星发射的不同阶段，随着关注点的不同，对研究对象简化的不同。在课程中厚植爱国主义情怀，弘扬爱国主义精神，结合热点新闻与科学家的故事，通过播放视频、故事案例分享、知识点讲解等方法，推进课堂德育的展开，提升课堂教学质量，培养学生的爱国情怀，引导学生立志将爱国主义精神融入中国特色社会主义建设的伟大实践中。

案例教学设计

（一）教学内容和目标

教学章节为第一章 1.1 节力学的分类。

根据卫星发射的不同阶段研究的重点不同，将卫星抽象为不同的研究模型，引导学生根据具体的工程实际问题，灵活运用所学知识。

学习目标：

理解质点、刚体和变形体等相关概念；

掌握不同力学学科的基本研究内容。

成果期望：

明确"理论力学"课程的研究对象；

了解不同模型的适用范围。

（二）教学过程及思路设计

1. 知识引入

介绍质点、刚体和变形体的基本概念以及应用范围。

案例1 卫星的运动情况

案例描述 先让学生观看卫星发射视频，然后讲述卫星发射不同阶段的简化（见图 1-1）：卫星在发射过程中，卫星的尺寸相对地球很小，在研究卫星的运动轨迹时，可以把卫星简化为一个质点；当卫星到达预定轨道之后，为了能够更好地工作（比如 CCD 镜头要对着地球），需要调整卫星的姿态，这个时候卫星就被简化成一个刚体进行分析；卫星上太阳能帆板的抖动会影响姿态的精度，如果分析太阳能帆板的抖动和变形，就要将卫星当作变形体进行分析。这样，对于卫星而言，就可以运用质点来描述轨道，运用刚体来描述姿态，运用变形体描述卫星的强度和刚度问题。

第一章 厚植家国情怀 激发信仰力量

思政目标 以实际的卫星案例展现，同一个研究对象随着研究重点的不同，将其简化为不同的对象，挖掘出"结合实际、灵活运用"的价值观，引导学生对如何处理复杂工程问题进行思考。

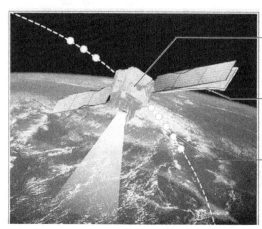

图 1-1 卫星发射不同阶段的简化

案例 2 力学家在卫星中的作用

案例描述 根据前述卫星发射过程，介绍卫星发射、运行中用到的各种力学知识，引出为我国"两弹一星"做出卓越贡献的力学家（见图 1-2）。钱学森是世界著名的空气动力学家，中国两弹一星功勋奖章获得者，被誉为"中国航天之父""中国导弹之父""中国自动化控制之父"和"火箭之王"。郭永怀是著名的力学家，领导组织爆轰力学、高超声速流、飞行力学、结构力学、武器环境实验科学等研究，为核弹、氢弹、卫星试验均做出巨大贡献。力学前辈在新中国成立初期，突破西方国家封锁，克服各种困难，为我国的国防事业做出重要贡献。当今，我们的学习科研环境得到了极大的改善，更应该奋发图强、勇攀高峰、再创辉煌！

思政目标 通过对"两弹一星"中力学知识的讲解，介绍我国力学家的爱国情怀和拼搏精神，让学生树立科技报国的远大志向。

2. 知识讲解

（1）质点、刚体和变形体的概念

质点模型是指用一个具有同样质量，但没有大小和形状的点来代替实际物体，这是对实际物体的一种科学抽象。

刚体是指在运动中和受力作用后，形状和大小不变，而且内部各点的相对位置不变的物体。

变形体是指在外力作用下,形状和尺寸会发生变化的结构。

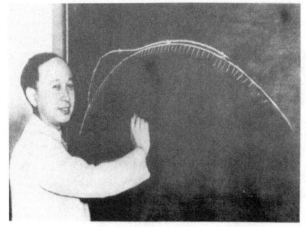 

(a) 钱学森　　　　　　　　　　　　　　(b) 郭永怀

图 1-2　钱学森和郭永怀

(2)基本变量及方程

结合卫星发射视频,介绍描述质点(见图 1-3)、刚体(见图 1-4)和变形体(见图 1-5)所需要的基本变量及方程,分析不同模型所需要用到的数学知识。

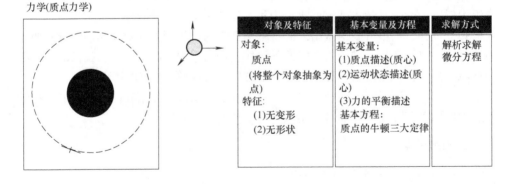

图 1-3　质点模型的特征

理论力学(刚体力学)

对象及特征	基本变量及方程	求解方式
对象： 质点系或刚体 特征： (1)无变形 (2)具有复杂形状	变量： (1)刚体描述(质心，转动) (2)运动状态描述(质心，转动) (3)力的平衡描述 方程： (1)质心的牛顿三大定律 (2)刚体转动的牛顿方程(动量矩方程)	解析求解微分方程

图 1-4　刚体模型的特征

材料力学(简单形状变形体)

对象及特征	基本变量及方程	求解方式
对象： 简单变形体(杆梁) 特征： (1)小变形 (2)简单形状	变量： (1)变形方面描述 (2)力的平衡描述 (3)材料物性描述 方程： (1)几何变形方程 (2)力的平衡方程 (3)物理本构方程	简化的求解方法，线性方程

图 1-5　简单变形体模型的特征

通过分组讨论，让学生思考并明确不同模型的应用范围及差别，为后续力学课程的学习打下基础。

3. 学习小结

以卫星发射为主线，基于力学基本知识的学习和爱国力学家的事迹，回顾总结学习内容与逻辑，再次鼓励学生胸怀祖国、攻坚克难、开拓创新，为国家的自立自强贡献自己的力量。

4. 互动讨论与作业

设置线上思考与探索的互动环节，布置作业。将卫星的案例拓展到航母、高铁等大国重器，通过讨论与思考让学生们意识到科技创新、科技强国的重要性，鼓励学生利用所学知识积极创新。

 课程思政效果

除播放视频、故事案例分享、知识点讲解相结合外，在课程结束后再留给同学们一个开放性问题,促进大家深入思考、学以致用。

学生通过课程的学习,不仅了解了卫星发射和工作中的基本力学知识,还被力学家为国奉献的精神所感染,同时树立工程和生活中"处处皆力学"的基本信念,增强学好力学课程的动力。

第二节　材料力学课程思政教学案例

一　课程基本信息

(一)教学理念与课程定位

材料力学课程是一门重要的专业核心课程,是为上海理工大学动力学院、机械学院、城建学院、出版印刷学院、医疗器械学院等学院的各相关专业学生开设的,涉及专业面很广,并且上课学生人数众多,每年上课学生人数大约 2000 余名,是工科最重要的专业基础课之一,也是后续专业课程学习的基础。

材料力学课程随着国家高等教育的发展和高校内涵建设的强化在不断地进步和改革。

(二)课程思政设计与方法

集体、统一的"规矩式"学习成为过去,迎来的是以兴趣、发展、需求牵引的个性化学习。教师充分利用多媒体形式和优秀网络资源,将较难理解的抽象物理概念进行可视化描述,使课程内容更加丰满,在帮助学生快速理解课程内容的同时,吸引学生的注意力,引发学生对课程内容的兴趣。同时,通过讨论社区的形式,师生、生生互动更加实时高效,学生完成习题在线提交答案,由系统自动评判和打分,这样,能够及时检查学生的学习效果,并可及时解决普遍存在的问题。在材料力学课程中将思政教育、爱国教育有效融入课程建设中,协同推进思政课显性价值引领和专业课程隐性价值渗透的有机结合;增加职业道德、职业素养和职业安全教育;增强学生的学术自信;让学生建立正确的人生观和价值观。

课程内容上融合思政内容,浓缩精炼知识点,以知识点为核心重构材料力学,使之适应当今教学方式与时代发展,并重新编写教学大纲;授课形式上以在线视频与多媒体课件为主,学生在线自测与教师在线答疑为辅,穿插英文授课,构建多环节、多层次、多时空的教学模式;增加职业道德、职业素养和职业安全教育;学习效果上，使学生具备扎实的理论功底，开阔的视野，以及灵活运用所学知识解决实际问题的能力，建立正确的人生观和价值观；建立微信公众号，在传播知识的同时，传播社会主义正能量。

案例教学设计

（一）教学基本信息

本次教学章节为第六章 6.1 节，其内容为：①梁平面弯曲的概念和事例；②剪力、弯矩及其方程。教学对象为车辆工程专业 2018 级（大二）学生，教学时间 45min。

本次课程目标：掌握材料力学中梁平面弯曲的基本概念，熟练应用截面法求梁平面弯曲的内力，掌握平面弯曲状态下的剪力、弯矩及其方程，熟练画出各类基本变形的内力图，熟悉梁平面弯曲的应力分布状况及计算。

（二）教学过程及思路设计

1. 知识引入

案例 1　綦江彩虹桥坍塌事件

案例描述　1999 年 1 月 4 日 18 时 50 分，30 余名群众正行走在彩虹桥上，另有 22 名驻綦江武警战士进行训练，由西向东列队跑步至桥上约 2/3 处时，整座大桥突然垮塌，桥上群众和武警战士全部坠入綦江中，经奋力抢救，14 人生还，40 人遇难（见图 1-6）。彩虹桥坍塌的主要原因是共振引起的桥面弯曲破坏。经查，在彩虹桥整个建设过程当中，有关领导急功近利，有关部门严重失职，有关人员玩忽职守，工程立项、发包等环节均严重违反了基建程序，设计、施工主体资格均不合法，工程管理十分混乱，导致施工质量极为低劣，构造设计也有不当之处，桥梁建成即成为一座危桥。思痛后，綦江又建了一座新虹桥，其桥头那座半圆弧状命名为"托"的金属雕塑前，红褐色大理石基座上刻着"綦江虹桥警示碑"碑文："盖主事者徇私渎职，施工者贪利粗制……腐之为患，国祸民伤。"

思政目标　以彩虹桥坍塌的案例，一方面介绍共振的知识，一方面增强学生作为未来工程师的职业素养，建立正确的人生观和价值观。

图 1-6 綦江彩虹桥坍塌事件

案例 2　世界十大高桥

案例描述　中国作为制造大国，其基建能力十分强大，在造桥方面尤为突出。最新的世界桥梁高度排行榜上，中国有 9 座入榜，几乎要霸榜前十，而且前三名都是中国的。例如第一名北盘江大桥是中国境内一座连接云南省曲靖市宣威市普立乡与贵州省六盘水市水城区都格镇的特大桥，位于泥猪河之上，北盘江第一桥因其相对高度超过四渡河特大桥，刷新世界第一高桥记录而闻名中外（见图 1-7）。中国幅员辽阔，需要兴建大量的基础设施来构建一个便捷安全的社会，有太多的桥梁、铁路、商用高楼等需要建设。中国在自身发展的同时，也会通过援外项目协助其他国家的基建工程，那么你有没有感觉我们中国很伟大呢？

图 1-7　中国高桥

思政目标　让学生了解中华民族的光荣传统，了解我们党的光辉成就和优良传统，让学生知道爱国从来都是具体的、实践的，需要用热血和汗水挥就，用奋斗和豪情书写。

2. 知识讲解

（1）梁的基本概念

① 常见的梁至少存在一个对称轴，截面对称轴和梁的轴线确定一个平面，这个平面叫做梁的纵向对称面。梁发生弯曲时，轴线被弯成纵向对称面内的平面曲线，我们将这种弯曲叫做平面弯曲。可见，平面弯曲发生的条件是：a.首先梁要存在一个纵向对称面；b.梁上的横向力或横向力的合力作用线在这个纵向对称面内。

② 静定梁有三种基本形式，即悬臂梁、简支梁和外伸梁。

③ 静定梁支座反力。通过列一个竖向力的平衡方程，一个力矩的平衡方程，或是两个力矩平衡方程来实现支座反力求解。

（2）剪力与弯矩符号

剪力符号：左上右下，顺时为正。就是说，当截面为研究对象左端截面时，向上方向的剪力取正号，而截面为研究对象右端截面时，则向下方向的剪力取正号。也就是，正号的剪力有使研究对象顺时针转动的趋势，与此相反方向的剪力取负号。

弯矩符号：左顺右逆，底拉为正。就是说，截面为研究对象左端截面时，弯矩是顺时针方向为正号，截面为研究对象右端截面时，弯矩则以逆时针方向为正号。与此相反方向的弯矩为负号。

3. 学习小结

从彩虹桥和世界十大最高桥梁案例入手，学习梁的基础知识，包括：梁的平面弯曲、静定梁的基本形式、剪力和弯矩正负号规定。完成两个思政目标：a.工程师的职业素养，建立正确的人生观和价值观；b.爱国从来都是具体的、实践的，需要用热血和汗水挥就、用奋斗和豪情书写。

4. 互动讨论与作业

设置线上思考与探索的互动环节，布置作业。从科学和职业素养两个方面讨论如何避免彩虹桥悲剧的再次发生。通过讨论与思考让学生树立正确的人生观和价值观，用自己的行动和实践来爱国。

 课程思政效果

力学是关于物质世界宏观机械运动的科学，包括物体的受力、运动，流体的流动，固体的变形。回顾中华人民共和国成立以来的重大成就，如两弹一星，具有自主知识产权的飞机、潜艇，还有高层建筑、巨型轮船、高水平的桥梁（如跨江跨海的各种吊桥、斜拉桥）、海洋平台、海港与栈桥、精密机械、机器人、高速列车等，都有力学工作者的指导与参与，包含着我国所有力学工作者的心血和贡献。通过讲述案例中科学技术工作者的爱国精神,让年轻一代的大学生认识他们、了解他们,被他们的爱国、敬业精神鼓舞。

在课程教学过程中开展了"力学大师之时代楷模"专题展(见图1-8),突出钱学森、钱伟长、郭永怀、茅以升、周培源、庄逢甘、钱令希、郑哲敏、王仁、朱伟秋和何友声这十一位近现代力学家的爱国事迹和学术贡献。

图1-8 "力学大师之时代楷模"专题展

观看展览后,学生们纷纷分享了自己的心得。例如,通过了解力学家的爱国事迹,学生们体会到中国科学家的爱国精神;通过了解力学家的成就,学生们认识到力学作为基础学科的重要性,以及打好基础的重要性;通过分享参观心得,学生们进一步明确未来的发展方向。通过该展览活动,老师和学生们深刻学习了大师们的工匠精神,该展览活动也进一步深化了教育报国、筑梦育人的教育理念,提升了学生们为祖国现代化建设奉献的热情。

第三节 机械原理课程思政教学案例

一、课程基本信息

（一）课程思政教学定位

机械原理是机械设计制造及其自动化专业的一门重要基础课程，在学生的知识、能力和素质培养体系中，占有十分重要的地位。在培养机械类高级工程技术人才的全局中，本课程为学生从事机械方面的设计、制造、研究和开发奠定了重要的基础，具有增强学生适应机械技术工作能力的作用。通过本课程的学习，引导学生把个人的理想追求融入国家和民族事业中，提高学生民族使命感和凝聚力，增强学生的科技强国意识。

（二）课程思政教学案例设计思路

在传授机械基本理论的同时，兼顾价值引领。通过机械原理设计中遵循的准则，培养学生求真务实的工匠精神；通过机械系统方案设计，培养学生的创新精神；结合机械发展的历史，激励学生自觉地把个人的理想追求融入国家和民族事业中，提高学生民族使命感和凝聚力，实现育人的"润物细无声"。

二、案例教学设计

（一）教学内容和目标

教学章节为第十章齿轮机构及其设计。

通过多角度多案例展现齿轮原理研究应用与创新历史，让学生们认识到齿轮的作用，引导学生学习本章重点知识——齿廓啮合基本定律与齿轮正确啮合条件。

学习目标：

理解齿轮正确啮合条件；

掌握齿廓啮合基本定律。

成果期望：

为利用齿廓啮合基本定律验证和设计各种类型齿轮奠定基础。

（二）教学过程及思路设计

1. 知识引入

案例 1 中国是最早发明齿轮的国家之一

案例描述 在我国山西出土的前 400~前 200 年的青铜齿轮是迄今已发现的最古老齿轮（见图 1-9），作为反映古代科学技术成就的指南车、记里鼓车就是以齿轮机构为核心的机械装置。

思政目标 以实际案例展现中国作为四大文明古国之一，我们的先辈曾在机械原理上进行过怎样的探索与实践，提升学生热爱祖国，为祖国自豪的精神底气。

图 1-9 迄今已发现的最古老齿轮

案例 2 齿轮产品进出口逆差现状

案例描述 通过 2005~2017 年齿轮产品进出口额统计结果（见图 1-10）可以看出国产齿轮产品还不能满足需求，仍大量依赖进口。

思政目标 科技强国不是一句口号，是实实在在的经济支出，是被他国制约的国防风险，必须自主创新，才能真正发展！

案例 3 渐开线齿轮发展史

案例描述 从人类掌握了齿廓啮合基本定律，到能够创造出迄今应用最广的渐开线齿轮，经过了几个世纪。从确定可以使用渐开线到真正的渐开线齿轮诞生，也经过了 70 年（见图 1-11）。

思政目标 知识，尤其是原理性知识，属于科研创新能力的基础，需要静心学习，深入思考。本案例进一步体现机械原理的重要作用，知识是科技进步的阶梯，鼓励学生静心积累、善于思考、勇于创新；进一步深化引导学生，认识到生活也是一个探索的过程，教导学生不畏困难，热爱生活。

图 1-10　2005~2017 年齿轮产品进出口额

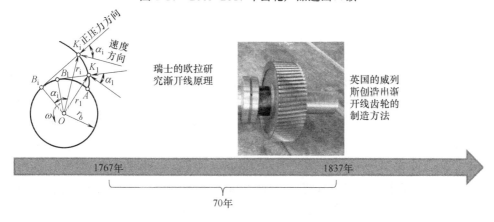

图 1-11　渐开线齿轮发展史

2. 知识讲解

（1）齿轮机构的特点及类型

齿轮机构是各种机构中应用最为广泛的一种传动机构，可用来传递空间任意两轴间的运动和力。以动图展示各种常见齿轮机构类型与特点。

（2）齿廓啮合基本定律

结合动画，引导学生发现和确定齿廓啮合基本定律，为进一步了解共轭齿廓及其选择方法打下基础。

（3）共轭齿廓

以提问的方式让学生思考齿廓啮合可能的轮廓线；提供渐开线、摆线、圆弧齿轮齿廓动图，引导学生基于原理分析开展创新性思考与设计。

3. 学习小结

以学习思路为主线，基于知识的学习，再次以"案例1　最古老的齿轮"为例，回顾总结学习内容与逻辑，整个过程包括：齿轮功能—为了实现功能其应满足的齿廓啮合基本定律—满足齿廓啮合定律的齿轮齿廓—可以设计的齿轮类型—开拓创新，鼓励学生勤于思考、掌握知识、勇于创新，使学生理解自主创新技术是科技强国的重要途径。

4. 互动讨论与作业

设置线上思考与探索的互动环节，布置作业。通过讨论与思考鼓励学生利用所学知识积极创新，进行多种结构的原理方案创新设计，为完成后续的机械设计及创新设计课程积蓄知识，培养走向工作岗位后的独立创新设计能力和自信心。

 课程思政效果

在这门课上，通过追溯历史、案例讲解、经济数字展示等方法，带领学生坚定信心、建立恒心、积累为中华民族伟大复兴而潜心学习的动力。在课程结束后还会在互动学习平台上"抛"给学生多个开放性问题，促进学生深入思考、学以致用。

"当我看着一台机器，开始把它用目光拆解为若干个原理零件，并知道可以用什么样的机构进行创新设计和替代设计时，我觉得我的机械原理已经入门了，我也真的成了一个机械专业的学生，以后我也许会成为国家需要的机械专业人才。"上完这门课后，2018级机械设计制造及其自动化专业本科生颇有感悟。

第四节　智能制造技术课程思政教学案例

 课程基本信息

（一）课程思政教学定位

智能制造技术是以智能制造技术在制造业中的应用为主线，将人工智能和机械设计与制造两大基本知识有机结合，研究如何利用人工智能、大数据等新兴信息技术来提升传统制造业以及制造业中的数据如何实现人工智能等基本方法和技术的一门学科。通过本课程的学习，学生应具备绿色环保发展、科技持续改善人民生活和终生学习的意识，并可以深入思考智能制造技术的应用与创新，具有科技强国意识，满怀让中华民族伟大复兴梦想成真的勇气去奋斗。

（二）课程思政教学案例设计思路

工业发展因为3C技术（通信技术、计算机技术和控制技术）产生了翻天覆地的变化。新技术在制造系统中的应用不断涌现与深化，这是技术进步与社会发展深度融合的必然趋势。世界各国也根据自身国情提出了各自的发展理念。德国提出工业4.0的概念，美国提出"工业互联网"的概念。中国制造已经形成门类齐全、独立完整的制造体系，已具备建设制造强国的基础条件。为追赶世界潮流，2015年国务院印发《中国制造2025》，2018年工业和信息化部、国家标准化管理委员会联合印发《国家智能制造标准体系建设指南（2018年版）》。一系列政策和措施的出台加速推进我国智能制造产业的发展。中国智能制造战略将引导中国制造向中国创造转变，中国速度向中国质量转变，中国产品向中国品牌转变，完成制造大国向制造强国的跨越。

基于以上背景，通过创建线上课程和微课小视频，增加学生对课程的参与度，丰富课堂教学环节和授课方式，调动学生参与课堂的积极性；将个人梦融入中国梦，把爱国报国的斗志投入祖国高质量发展的伟大事业中来，融入实现伟大中国梦的奋斗中去，鼓励学生做新时代的奋斗者，到祖国最需要的地方建功立业。

案例教学设计

（一）教学内容和目标

教学章节为第二章软件定义制造。

通过多角度多案例展现工业中的软件应用以及软件如何定义制造新模式、如何提升制造效率，让学生们认识到工业软件的作用，引发学生学习使用和开发工业软件的兴趣。

学习目标：
理解智能系统、工业软件、软件定义制造等相关概念；
掌握工业软件在智能制造系统中的定义、功能和作用。

成果期望：
明确智能制造系统中工业软件的分类及功能；

为学习工业软件中的数据处理及人工智能奠定概念基础。

（二）教学过程及思路设计

1. 知识引入

案例1　工业软件乃"卡脖子"问题

案例描述　《中国制造2025》明确了十大重点领域（见图1-12），工业软件，尤其是研发设计类工业软件是我国工业化的痛点，是我国"卡脖子"的35项关键技术之一。我国的工业软件开发能力比较弱，工业软件市场被欧美软件巨头长期垄断而受制于人。在近年来的多次"卡脖子"事件中，工业软件和芯片是两个弱项。没有强大的工业软件，就没有强大的工业制造。掰开国内各大制造业平台的"内核"可以发现，重要部件几乎都是国外开发，国内开发的多是其中应用部分。

我国工业软件整体核心竞争力仍不强，具体表现为：一是"应用多研发少"，嵌入式工业软件占大部分，研发设计类、生产控制类、信息管理类工业软件相对较少，根据赛迪咨询数据，我国工业软件在研发设计类、生产控制类、信息管理类、嵌入式工业软件占比分别为8.3%、13.2%、15.5%、63.0%；二是"中低端多高端少"，高端工业软件基本被国外企业把持，国内工业软件企业多处于价值链中低端。工业软件市场以国外软件厂商占主导，80%的设计软件、50%的制造软件、95%的服务

图1-12　十大重点领域与"卡脖子"工程

软件被国外品牌占领：EDA（电子设计自动化软件）基本被美国 Cadence、Mentor 和 Synopsys 垄断；CAE/CAD 工业软件基本被美国 ANSYS、德国 SIEMENS（西门子）、法国 DS Simula、美国 Altair 和 MSC、法国 ESI 等把控；PLM 领域被法国达索 Enovia（航空）、德国西门子的 Teamcenter（汽车、通用机械）和 PTC 的 Windchill（船舶、电子）等把持。制造业对外国工业软件形成了长期依赖，这与我国制造大国的身份和制造强国的战略极为不符。

思政目标 以实际案例展现，尽管目前国内在工业制造的方方面面取得了巨大的成绩，但是工业软件行业本身固有的发展特点，使得本来是智能制造技术核心的工业软件长期不受重视。引导学生深层次地思考智能制造技术的发展方向和发展途径问题。

案例 2 工业软件的应用及研发过程

案例描述 很多人觉得工业软件有些偏门，但它涉及每个人的衣食住行，比如建房子、造车使用 CAD 软件，手机离不开 CAE 软件设计、分析、制造。工业软件是我们生活中各种工业数据的源头。工业软件可以将人们存在大脑里面的诀窍、技能以及经验，形成一个个可以调用的工业 App，能够提高产品价值，降低企业成本，提升企业核心竞争力，在产业链中发挥关键作用。结合对当前市面上的知名 CAD/CAE 软件发展之路的分析（见图 1-13），强调工业软件还是制造强国和网络强国的关键支撑，关系到产业安全、网络安全。

尽管工业软件是一个小众产业，却是工业制造的大脑和神经，并已经形成了一个千亿市场的"蛋糕"。根据赛迪顾问测算，我国工业软件市场规模由 2016 年的 1247 亿元增长至 2018 年的 1678 亿元，年复合增长率达到 16%。未来 5 年市场规模有望突破 4000 亿元。

思政目标 通过分析当前市面上知名 CAD/CAE 软件的发展之路，引导学生深入思考中国的工业软件应该怎么发展，从而激发学生树立以国家利益为引导进行技术攻坚克难的精神，激发学生的爱国热情。

2. 知识讲解

（1）软件

以举例的方式来讲解。软件是运行在芯片中的数字化指令和数据的集合，是一系列按照预定的逻辑和格式编辑好的"0/1"代码序列（程序）。软件以人类语言的代码格式表达一系列逻辑规则和知识，最终以"0/1"的机器代码驱动芯片（硬件）底层功能，驱动工业设备。

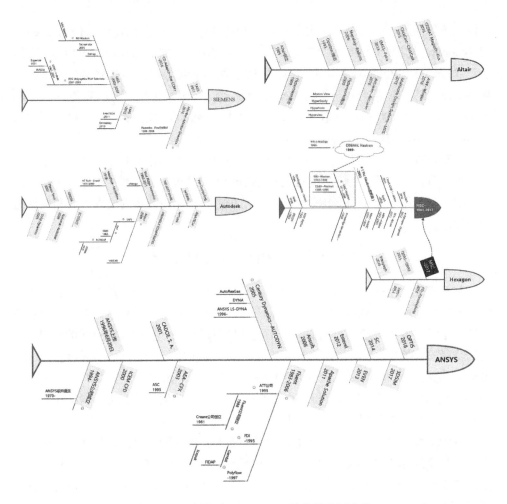

图 1-13 国际知名 CAD/CAE 软件的发展之路

（2）工业软件

以举例和问答的方式与学生互动。工业软件是指在工业领域里应用的软件，工业软件大体上分为两个类型：嵌入式软件和非嵌入式软件。嵌入式软件是嵌入在控制器、通信装置、传感装置中的采集、控制、通信等软件，非嵌入式软件是装在通用计算机或者工业控制计算机中的设计、编程、工艺、监控、管理等软件。工业软件封装了工业知识，建立了数据自动流动规则体系。

（3）智能制造系统

智能制造，顾名思义，一是智能，二是制造。制造乃经济之源，立国之本，作用于物质原子，只有物理层面的原子级别的作用，才能真正支撑起工业天量的躯体，因为任何设备都需要以原子构成的材料作为基础，没有了材料就没有了产品和生产设备，就没有了制造基础。智能是基于软件所蕴含的人类智力成果和知识精粹，这些知识精粹包含了各种机理模型、推理规则和经验数据，它们承载于比特数据，比特数据流承载了数字化信息，表征了数字化知识，知识指导机器和人做正确的事情。

智能制造系统则是将人类知识植于制造系统，使系统看起来"不聋""不哑""不瞎""不笨"。

（4）软件定义制造

工业软件不但彻底改变了传统制造行业的设计、工艺、生产和运维方式，使研发、制造、经营过程更加敏捷精准，也把软件和芯片植入到了产品内，赋予产品一个聪明的"大脑"，这使得各种智能硬件百花齐放，形成了一种新的工业智能模式——软件定义制造。

3. 学习小结

如图1-14所示，基于学习的知识，以"工业软件乃'卡脖子'问题"为例，回顾总结学习内容与逻辑，鼓励学生掌握知识、勇于开拓创新，大国重器和自主创新技术是科技强国的重要支撑。

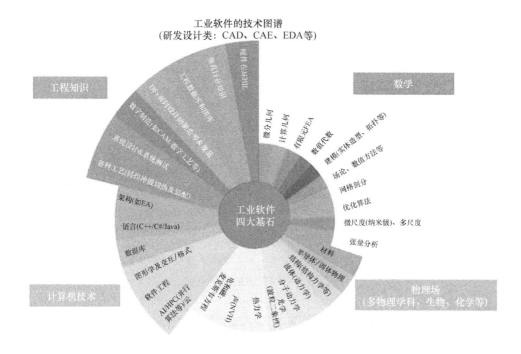

图1-14 学习小结——工业软件研发的知识结构

4. 互动讨论与作业

设置线上思考与探讨的互动环节（见图 1-15），布置作业。通过讨论与思考让学生们意识到智能制造相关的各个概念远远超出本学科的知识范畴以及如何尽快切入新型技术并利用新技术来改造机械制造系统，从而提高学生终生学习的意识，思考绿色发展、科技发展的意义与做法，鼓励学生利用所学知识积极创新，解决目前亟待解决的资源、能源问题。

图 1-15　线上讨论及作业

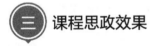
课程思政效果

课程结束后，在上海理工大学网络教学平台上给学生布置了多个开放性问题，引导大家寻找更多的资料，以加深对相关概念的理解。

"数字孪生系统""赛博物理系统 CPS""智能制造系统""工业互联网""人工智能""大数据""深度学习"等，平时听上去高深莫测、技术含量很高的概念，也一个个从学生的语言中和文稿中跃出，学生充分利用已经掌握的知识，去查询未掌握的知识，从而快速扩大自己的知识边界。将这些新鲜和时髦的词语与国家的大政方针联系起来，与变幻莫测的国际形势联系起来，从而使枯燥和高深的理论更加贴近日常生活。这样，不仅激发了学生的学习兴趣，也无形中激励了学生，使其为学好新技术，报效祖国，同时也为自己的生活带来新变化而努力。

第五节 复杂机电系统综合设计课程思政教学案例

课程基本信息

（一）课程思政教学定位

复杂机电系统综合设计课程是应用理论力学、材料力学、机械原理、机械设计、公差检测与技术测量、机械装备结构设计、机械制造技术及数控机床等课程的相关知识，按要求完成一台机床的主要功能部件运动方案和结构设计、主要零部件加工工艺流程和整机电气控制系统设计的一门课程。

结合国家对创新的指导思想，将工程素养、创新能力和专业知识贯穿到学习和生活中。同时，通过学习团队的形式进行课题实施，提高学生的团队合作能力和沟通交流能力。通过相关案例教学，培养学生的工匠精神和职业使命感，提高学生的民族责任感。

（二）课程思政教学案例设计思路

推动能源转型，构建清洁低碳、安全高效的能源体系，事关经济社会安全运行、长远发展，是实现高质量发展、可持续发展的必由之路。本课程作为实践教学环节，通过案例教学、问题导向和实践为主的教学方法，学生自行分组形成学习团队，查阅国内外机床现状、国内外先进加工工艺现状，凝练机械加工工艺中的工匠精神，凝练机床控制系统设计原则；观看学习《大国工匠》中控制系统的相关内容，调研控制系统相关的知名企业，培养和增强学生的爱国情怀和工匠精神，青年人要继承和发扬爱国主义情怀，主动承担起历史赋予的使命，站在历史的新起点，与时俱进地对中国特色社会主义所处的历史方位做出清醒判断，引导学生做好职业规划，让经济迅速发展的中国拥有足够的后备力量。

二 案例教学设计

（一）教学内容和目标

教学章节为第一篇常用基础知识及设计资料。

针对复杂机电系统的设计过程，采用层次分析方法，在不同设计阶段融入课程思政内容，将技术难题与爱国情怀和工匠精神相融合，让学生在经典案例设计过程中不断加深爱国情怀，激发学生学习的动力。

学习目标：

理解复杂机电系统设计的关键步骤；

通过精雕机案例讲解，掌握复杂机电系统设计全过程。

成果期望：

具有从运动方案设计、力学模型分析计算、结构设计到加工工艺规划及电路设计一体化的综合能力；

为未来解决复杂机电产品技术难题奠定基础。

（二）教学过程及思路设计

1. 知识引入

案例1 增材制造工艺神秘面纱

案例描述 金属离子液束流增材制造技术通过更换不同的离子液能够实现多材料成型，而多材料复合加工将会极大带动各种结构功能一体化的潜在应用。航空航天领域中，金属离子液束流增材制造技术在大型结构件制造中发挥着重要作用，其中最典型的应用便是火箭发动机推力室身部（见图1-16）的制造。增材制造技术在我国正在快速发展。

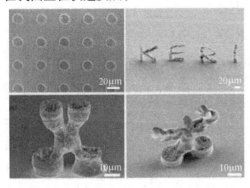

不同形状的金属结构

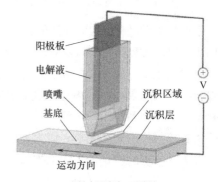

喷射电沉积加工原理

 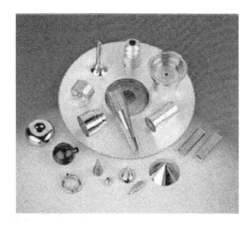

火箭发动机大型结构件　　特殊异形件的液束流增材制造

图 1-16　金属离子液束流增材制造技术

思政目标　通过在课程设计中结合增材制造、3D 打印技术等大国重器的设计与制造技术中的关键问题和我国国防事业的发展及国家的和平稳定发展,体现大国重器对一个国家的重要意义,让学生明白建设伟大工程,推进伟大事业,实现伟大梦想,必须厚植爱国主义情怀,弘扬爱国主义精神。

案例 2　国内数控系统的应用示范

案例描述　国产数控机床因技术成熟度、可靠性等原因,在国内航空领域应用较少,仍以进口为主。为了打破技术壁垒,如图 1-17,国家采取有力措施,鼓励国产机床和数控系统在航空领域的应用示范,加强国内技术自信度,相信国产技术过硬;通过示范作用推动技术创新和技术应用,发展了一批技术过硬的数控技术公司,如武汉华中数控股份有限公司、北京工研精机股份有限公司、济南二机床集团有限公司、四川普什宁江机床有限公司。

思政目标　培养爱国情怀,要了解我国的基本国情,了解我们党的光辉历史和优良传统,因为情感产生于认识,知之深才能爱之切。通过国产数控系统的应用示范,进一步加强学生对国产数控技术的认识,进一步深化引导,建设世界科技强国需要更加坚定的家国情怀,更加高远的理想追求。

新型飞机

μ1000/5ST-400V五轴立式加工中心

μ2000/5SS-800H五轴卧式加工中心

大型运输机

图 1-17　国产数控机床和数控系统在航空制造领域应用示范

2. 知识讲解

（1）结构设计概念

讲解级比规律、结构式拟定、转速图拟定、传动系统。

（2）工艺过程

查阅国内外先进加工工艺现状，凝练机械加工工艺中的工匠精神，掌握典型零件热加工与冷加工工艺流程设计（成果期望一）。

（3）电气控制系统

以提问的方式，让学生掌握电气控制电路设计及分析（成果期望二）。

3. 学习小结

通过让学生查阅国内外典型机电产品设计、制造及控制技术的现状，观看学习"大国工匠"，并采用学习团队讨论的方式，凝练机械加工工艺中的工匠精神和机床控制系统设计原则；调研控制系统相关的知名企业，引导学生做好职业规划。

4. 互动讨论与作业

本课程作为实践教学环节，设置线上思考与探讨的互动环节，采用案例教学、问题导向和实践为主的教学方法,学生自行分组形成学习团队,思考整体设计过程中体现的生态文明建设的意义与方法,鼓励学生利用所学知识积极创新,解决目前亟待解决的资源、能源问题。

 课程思政效果

在这门课上,通过结构设计、工艺、控制系统的有机结合,借助于故事案例讲解,带领大家分步解析机械学科的魅力,并采用团队协作的方式,分工合作完成一个指定或者感兴趣的产品的总体规划、设计、制造及控制系统的研究,促进学生深入思考、学以致用。

第二章

传承精益求精
弘扬工匠精神

"工匠精神"是工匠对自己作品精雕细琢、精益求精的职业精神,是对细节的注重和对完美、极致的追求,是严谨、耐心、专业的代名词,同时也是推动我国从制造大国走向制造强国的坚实保障。在新时代大力弘扬工匠精神,对于推动经济高质量发展、实现"两个一百年"奋斗目标具有重要意义。在课程思政背景之下,高校教学注重人才培养过程中知识传授和"工匠精神"启蒙的同向同行,充分发挥课堂教学育人主渠道功能,提高人才培养质量。

本章立足课程思政建设的根本要求,以专业知识为载体,以"工匠精神"为切入点,坚持育人为导向。"工程制图"教学过程中通过讲解工程制图的发展简史,拓宽学生知识面,提升学习主动性,引导学生始终对"工匠精神"怀着一颗敬畏之心;"机械设计"介绍了高铁上的螺栓设计等具体案例,引出该课程知识在高铁、飞机等大国重器中的重要作用,强调了严谨负责、一丝不苟的"工匠精神"的重要性;"机械制造技术"从口罩机的生产切入,说明了精密加工工艺方法的重要性,彰显了"中国制造2025"战略以及致力于完成中国从工业大国到工业强国转型的重大意义;"机械装备结构设计"课程案例聚焦火箭、导弹等军工领域,讲解火箭导航装置——惯性导航组合中重要器件加速度计的铣削加工等内容,引导学生脚踏实地、刻苦钻研、与时俱进;"机电一体化系统设计"通过讲解我国高端数控机床领域取得的巨大成就,彰显我国科研人员"甘于寂寞、勇于担当、孜孜不倦、精益求精"的工匠精神。

本章通过课程思政案例的有机融入,让学生明白加快建设制造强国,加快发展先进制造业,关键在于提高创新能力,而工匠精神是助推创新的重要动力。

第一节 工程制图课程思政教学案例

课程基本信息

(一)课程思政教学定位

工程制图课程讲解几何形体的投影原理、工程图的表达方法、零件(标准件和非标准件)图和装配图的绘制。通过讲解图纸的规范性、科学性和严肃性,并且以图片和视频的方式介绍与制图相关的典型人物、典型事件,传递正能量,培养学生严谨、认真、负责、细致的工作素养,以及一丝不苟、精益求精、踏实敬业的工匠精神,最终实现教书和育人的完美结合,达到知识传授、能力培养与价值引领三位一体的教育教学目标。

（二）课程思政教学案例设计思路

工程制图课程思政教学案例设计的思路是：在保证原有知识体系和教学体系不变的前提下，围绕课程思政教学目标，针对具体教学内容，穿插思政内容，采用课堂PPT讲解和课后要求学生观看线上小视频的方式进行课程思政教学，原则上每周课均涉及课程思政内容。教学案例主要包括：①列举与制图相关的典型人物、典型案例，强调制图的重要性，提高学生学习兴趣；②引证正面及反面事例，强调绘制与阅读图纸一定要规范、严谨、细致；③介绍制图发展简史、典型结构和产品的设计制造、著名的生产商等，拓宽学生知识面，提升学习主动性；④诠释工匠精神，介绍新闻人物，培养学生认真细致、一丝不苟、精益求精的工匠精神。

案例教学设计

（一）教学内容和目标

教学章节为第七章7.1节零件图的作用与内容、7.2节零件的视图选择和7.3节零件图的尺寸标注。

阅读和绘制零件图是学习工程制图课程的目标之一。简介工程制图发展史，强调图纸的重要作用；讲解典型案例，强调绘制图纸的严谨性，引导学生学习本课的重点知识——零件图的表达方法；最后通过小视频解说"工匠精神"，培养学生精益求精的学习和工作作风。

学习目标：

了解零件的尺寸标注；

掌握零件的分类、零件图的作用和内容；

重点掌握零件的各种表达方法。

成果期望：

绘制和阅读零件图必须遵循国标规范；

识读零件图的各种表达方法，并能够根据零件的种类选择适当的表达方法。

（二）教学过程及思路设计

1. 知识引入

案例1 工程制图的发展简史

案例描述 我国的工程制图，尤其在机械制图领域方面，可以追溯至宋朝天文学家苏颂为水运仪象台所作的设计说明书《新仪象法要》，成书于宋哲宗绍圣年间

（见图 2-1）。明代宋应星所著《天工开物》中也有大量的机械图。

18 世纪欧洲工业革命时期，法国科学家蒙日在总结前人经验的基础上，根据平面图形表示空间形体的规律，应用投影方法创建了画法几何学，从而奠定了图学理论的基础，使工程图的表达与绘制实现了规范化。他所著的《画法几何》一书是工程图学发展的里程碑（见图 2-2）。

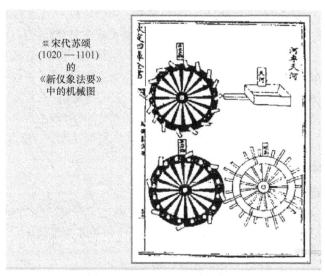

图 2-1 我国早期的工程图学

❖ 蒙日(1746—1818)是法国著名的数学家、教育家，画法几何的主要奠基人。1765年，蒙日在热尼埃皇家学院任职期间，发明简单而迅速的制图法；1775年任数学教授后，创立画法几何；后整理成《画法几何》出版；1795年筹建巴黎综合工科学校，并任校长。

主要贡献：发明正投影原理，通过二维平面准确表达三维图形；通过准确的二维图形能推导出三维物体。

图 2-2 蒙日与《画法几何》

思政目标 介绍制图发展简史，拓宽学生知识面，提升学生学习主动性，使学生认识到制图技术在我国历史上虽有光辉成就，但在理论上缺乏完整的系统总结，致使工程图学停滞不前。新中国成立后，随着社会主义建设蓬勃发展和对外交流的日益增多，工程制图得到飞快发展。如今，我们一定要紧跟时代步伐，实现科技强国。

案例 2　工匠精神的理解

案例描述　李克强总理在 2016 年 3 月 5 日第十二届全国人民代表大会第四次会议《政府工作报告》中提到"工匠精神"，鼓励企业开展个性化定制、柔性化生产，培育精益求精的工匠精神，增品种、提品质、创品牌。在本视频中将"工匠精神"总结为 5 点：精益求精、一丝不苟、专注坚持、专业敬业、淡泊名利。"工匠精神"不仅是中国制造的需要，也是展示中国形象、中国实力，更是实现中国梦的需要！

思政目标　工程图是工程师的语言。本课程开始学习零件图，务必要求学生重视零件图的规范性和严肃性。**精益求精**，注重细节，追求完美和极致；**一丝不苟**，确保上好每一堂课，画好每一张图；**专注坚持**，用心学习，认真完成每一次作业；**专业敬业**，热爱自己的专业，学好自己的专业；**淡泊名利**，做事踏实，不计较个人名利，日后为祖国的建设付出自己的一份力量。要使学生始终对"工匠精神"怀着一颗崇尚之心。

2. 知识讲解

（1）零件的分类

采用 PPT 图解的方式，介绍机械零件的分类。零件可以分为标准件和非标准件；非标准件又分为轴套类、轮盘盖类、叉架类和箱体类零件。

（2）零件图的作用和内容

零件图是制造和检验零件的依据，零件图的内容包括一组图形、完整的尺寸、技术要求和标题栏。绘制和阅读零件图必须遵循国标规范（成果期望一）。

（3）各类零件的表达方法

讲解主视图及其他视图的选择原则、方法和步骤。根据四大类非标准件的结构特点和主要功能用途确定各类零件的表达方法。要求学生能够识读零件图的各种表达方法，并能够根据零件的种类选择适当的表达方法（成果期望二）。

（4）零件图的尺寸标注

零件图上所标注的尺寸是加工制造、测量、检验零件的重要依据。尺寸标注的基本要求是正确、完整、清晰和合理，标注的格式要符合国标规范。

3. 学习小结

本次课程结束前，为学生播放了的一段小视频《工匠精神的理解》（时长 3 分 10 秒）。

 课程思政效果

工程制图课程思政是以图片和视频的方式介绍与制图相关的典型人物、典型事件,传递正能量,提高学生学习制图的兴趣,进而提高学生阅读和绘制零部件图的能力;以培养学生认真负责的态度和严谨细致的作风为主题,加深学生绘制和阅读图纸必须遵循国标规范的意识;以新时代"工匠精神"为切入点,将工匠精神精益求精、敬业奉献、持续专注、开拓创新、追求极致等内涵融入课程中。学生课程成绩不及格率近两年略有下降,且学生参加制图竞赛的热情持续高涨,以赛促学、以赛促教,学生在制图国赛和市赛中屡创佳绩。

第二节 机械设计课程思政教学案例

  课程基本信息

(一)课程思政教学定位

机械设计课程主要介绍机器机械部分设计的基本知识,重点讨论一般尺寸和常用工作参数下的通用零件设计,包括基本设计理论和方法、相关标准和技术资料。通过本课程的学习,学生应具有正确的设计思想、勇于探索的创新意识,学习和弘扬精益求精的工匠精神,同时激发学生的民族自豪感。

(二)课程思政教学案例设计思路

弘扬"工匠精神"将带动中国从制造大国走向制造强国,促进企业精益求精、提高产品质量,使认真、敬业、执着、创新成为更多人的职业追求。为社会输送合格人才是高校的主要任务,工匠精神和创新能力应该是这些人才所具备的素质之一。本课程思政案例基于成果导向教育(outcom-based education,OBE)理念,结合机械设计课程特点,挖掘相关要素,通过课堂讨论、线上互动、网课展示、线下作业等形式,增强学生创新意识,培育学生的工匠精神。

  案例教学设计

(一)教学内容和目标

教学章节为第五章 5.6 节螺栓连接的强度计算。
通过理论分析和实例讲解,让学生明白螺栓连接强度计算的重要性,引起他们对本节知识点的重视并激发学生的学习动力。通过本节的学习，使同学们意识到在设计过程中，需要严谨的工作态度，要做到一丝不苟、精益求精。

学习目标：

了解螺栓连接的失效形式；

掌握松螺栓连接强度计算公式；

掌握3种紧螺栓连接形式的强度计算及相关公式。

成果期望：

对一定工作条件下的螺栓进行强度校核；

按照相应的强度条件计算螺栓的危险截面直径，进而选择合适的螺栓标准件。

（二）教学过程及思路设计

1. 知识引入

案例1　英国诗人乔治·赫伯特的格言

For want of a nail the shoe was lost;

For want of a shoe the horse was lost;

And,　for want of a horse the rider was lost.

案例描述　1485年，英国国王查理三世与亨利伯爵在波斯沃斯展开决战。战前，他的马夫为他备马，由于时间紧急，在钉马掌时少用了一颗钉子。结果在行军时，这个马掌丢了（见图2-3）。在打仗时，因为少了这个马掌，战马被敌人掀翻在地，致使国王被俘。查理三世输了这场战争，也因此丢了国家。一颗钉子最终毁灭了一个国家。

 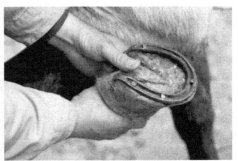

图 2-3　战马掌钉的故事

思政目标　以大家熟知的历史故事，结合机械设计的知识点，说明一个钉子的关键作用，挖掘出严谨负责、一丝不苟的"工匠精神"的重要性，引导学生对工作态度的思考。

案例 2　螺栓振动脱落引发的事故

案例描述　1994 年,位于美国新罕布什尔州西布鲁克的核电站有 3 个放射性燃料组件受损,起因是一个固定在抽水泵上的螺栓由于振动脱落,最后被扫入冷却水的反应器中。由该事故造成的停机维修,需要花费数百万美元。

思政目标　与案例 1 相结合,通过实际发生的事故原因分析,进一步说明严谨负责、精益求精的工作态度的重要性。让学生明白在设计制造过程中,要严格按照工作流程,不能麻痹大意,否则可能因为一点小小的失误而产生严重的后果。

案例 3　高铁上的螺栓

案例描述　中国高铁技术起步虽晚但发展迅猛,在巨大的铁路运输市场需求下,中国高铁技术达到了世界一流水平。到 2020 年末,全国高铁营运里程达到 3.79 万公里。高铁列车组的众多部件由许许多多的螺栓连接固定形成一个坚实的整体。列车组在高速运行时存在瞬时冲击力和振动,这些不同方向上的交变载荷会使螺纹和螺母支撑面处的摩擦力瞬间消失,引起螺纹间相对滑动,多次重复以后螺栓就松脱了。所以要根据螺栓连接形式、使用环境和条件进行强度计算和相关设计,使其满足使用要求。从图 2-4 所示的高铁转向架可以明显看出采用了多个螺栓进行紧固连接。

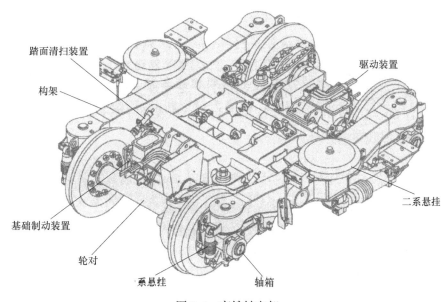

图 2-4　高铁转向架

思政目标 通过螺栓在高铁上的应用，进一步说明螺栓在我们日常生活中的重要作用。螺栓虽小，关系到设备的安全，关系到每一个人的生命财产安全。同时，小小螺栓也是大国重器的重要组成部分，学生在学习工作过程中，应该树立严谨负责、一丝不苟的工作态度，逐步培育工匠精神。

2. 知识讲解

根据螺栓的连接类型、载荷状态、装配情况，对螺栓强度进行分类计算。

（1）松螺栓连接强度计算

结合实例，讲解松螺栓的应用场合，根据力学知识，推导松螺栓连接的强度条件，并在此基础上对松螺栓进行设计。

（2）紧螺栓连接强度计算

根据螺栓连接的具体情况，紧螺栓可以分为仅承受预紧力的紧螺栓连接、承受预紧力和工作拉力的紧螺栓连接以及承受工作剪力的紧螺栓连接。通过动画的形式，展示螺栓在预紧以及工作过程中的受力及变形，推导3种情况下螺栓危险截面的强度条件。重点是在第2种情况下，推导螺栓总拉力、预紧力、残余预紧力以及工作拉力之间的关系。

（3）例题讲解

通过例题，讲解在以上几种受力情况下螺栓强度的计算以及螺栓直径的选取。

3. 互动讨论与作业

通过学习通平台设置线上讨论的互动环节，并布置课后作业。通过讨论与思考让学生们意识到"蝴蝶效应"的可能性，意识到现在的设计思路、设计方法的严谨性对未来设计工作过程中"工匠精神"的培养有重要的基础作用。

课程思政效果

除了课堂上的案例外，本课程网站上专门设立了一个"追梦求真"专栏，通过文字、图片和视频的形式，宣传创新意识和大国工匠精神。

通过本课程的学习，同学们参加创新比赛的热情高涨，也取得了较好的成绩。近年来本专业学生参加创新比赛获得的省部级以上奖项数如图2-5所示，这也是学生创新能力的一个体现，为工匠精神的培育奠定了良好的基础。

图 2-5　本专业学生参加省部级以上创新比赛获奖数

第三节　机械制造技术课程思政教学案例

一、课程基本信息

（一）课程思政教学定位

机械制造技术是机械设计制造及其自动化专业一门必修的专业技术课，通过本课程的教学，为培养既熟悉机械工程基础理论和方法，又能从事机械产品的设计和制造的高级工程技术人才奠定基础。使学生掌握金属切削基本原理；掌握机械加工工艺的基础理论和基本规律；熟悉常用机床设备的工作原理、工艺范围；掌握机床夹具的设计原理；具备机械制造技术基础知识。使学生能独立分析和解决工程实践问题，解决工程实际中的机械制造工艺问题，开展新工艺、新技术创新。通过本课程的学习，培养学生重细节，一丝不苟的态度，做到精益求精，弘扬"工匠精神"。理论与实践并重，培养"理实一体化"人才及学生良好的团队合作能力。

（二）课程思政教学案例设计思路

介绍国内外先进的加工方法，引入设备性能并比较国内外设备性能，激发爱国情怀，强化责任担当；强调《中国制造 2025》是首次站在国家战略层面提出了弘扬"工匠精神"的重要性，2017 年的政府工作报告也强调了"工匠精神"的重要性，并且提出培育更多的中国工匠，打造中国品牌。工匠精神是指工匠对自己的产品精雕细琢，追求完美和极致，以及精益求精的精神理念。工匠精神的目标是打造本行业最优质的产品，其他同行无法匹敌的卓越产品。工匠精神正是追求精益求精、专业专注、一丝不苟且孜孜不倦的职业精神的体现。

案例教学设计

（一）教学内容和目标

教学章节为第一章1.2节机械加工方法。

掌握零件的机械加工方法：车削、铣削、刨削、钻削与镗削、齿面加工、复杂曲面加工、磨削、特种加工。比较以上机械加工工艺之间的差异和用途。

学习目标：

掌握常用的机械零件加工方法，熟悉车削、铣削、刨削、钻削与镗削、齿面加工、复杂曲面加工、磨削、特种加工等常见工艺。

成果期望：

能够分析发动机五大件的加工工艺和方法，为后续零件机械加工工艺的编制奠定基础。

（二）教学过程及思路设计

1. 知识引入

案例1 "网红神棍"的制造

案例描述　新型冠状病毒疫情下，口罩作为主要的防疫产品，需求量非常大，由此带来的口罩机的生产也自然而然地被推到了机械人的面前，因此也催生了三大网红产品——印花辊、熔喷头和超声波熔接机。其中作为依靠四轴加工中心生产的印花辊因为形状像擀面杖或者棍子，被坊间称为"神棍"。它的学名叫熔接齿模！那这是怎么加工的呢？全自动折叠式口罩生产线（如 KN95 口罩），设备整卷上料，多层无纺布料卷经过复合滚焊，鼻线放卷裁切之后熔接，两卷耳带自动放卷，定长裁切之后熔接，然后本体对折成型，经过超声波焊接之后，口罩滚切成型。在 KN95 口罩生产工序中，最为关键的部分就是口罩的熔接，它对口罩的过滤效果和密封性具有决定性作用。而熔接最关键的部件就是"神棍"——熔接齿模，主要对口罩边缘进行熔接与裁切。KN95 口罩要求具有更强的病毒过滤效果和密封性，因此生产工艺更复杂。图 2-6 就是利用四轴加工中心的机械钻铣工艺加工熔接齿模的过程。

第二章　传承精益求精　弘扬工匠精神

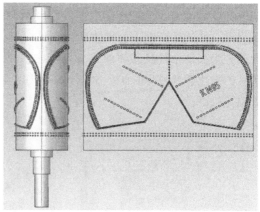
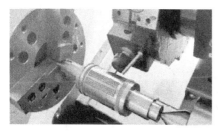
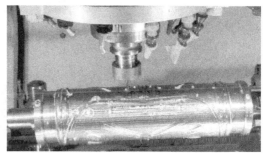

图 2-6　口罩机中"网红神棍"（熔接齿模）的加工过程

思政目标　以热点实际案例展现掌握机械加工工艺方法的重要性，同时了解国产的先进加工设备才能实现精密的加工工艺，再次彰显了"中国制造 2025"战略以及中国致力于完成从工业大国到工业强国转型的重大意义。中国要成为工业强国，必须要有过硬的工业技术。与全球领先的装备制造企业相比，中国企业不但需要加强技术，更需要"工匠精神"，如果不唤起"工匠精神"，中国就谈不上成为世界制造强国。

案例 2　第三代半导体晶片的制造加工及其设备

案例描述　在我国进行产业升级的浪潮中，碳化硅以其独特的性能得到了越来越多的应用。如高功率电力电子、微波射频、人造宝石、光电照明和显示等，随着技术的不断进步，价格也逐步下降，正迎来历史性的发展机遇。有专家预测：以碳化硅为代表的第三代半导体材料及器件产业，将是继风能、太阳能之后又一新兴的大产业。我国是碳化硅最大的应用市场，占据全球近一半的使用量，但是我国的碳化硅产业还很不完善，国内从事碳化硅材料及器件研发制造的多为高校和科研院所，缺乏产业化能力。不过，近年来国内已有不少企业开始进入碳化硅领域，具备100mm碳化硅晶片的生产能力，碳化硅器件已初步实现量产。碳化硅材料及器件整线工艺大致分为晶体生长及晶体加工、芯片制造和芯片封装。关键加工设备主要包括图 2-7 所示的碳化硅单晶生长炉、金刚石多线切割机、碳化硅研磨机、背面减薄机、碳化硅抛光机等。

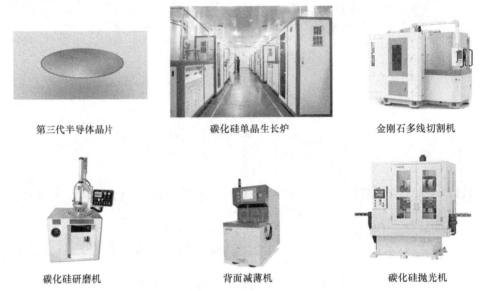

第三代半导体晶片　　碳化硅单晶生长炉　　金刚石多线切割机

碳化硅研磨机　　背面减薄机　　碳化硅抛光机

图 2-7　第三代半导体晶片的制造工艺及其设备

思政目标　通过在课程授课中结合当今最热点科研难题第三代半导体晶片的制造工艺及其设备的讲解，增强学生科技兴国的情怀，使学生勤奋学习、发奋图强，立志攻克芯片微纳加工的卡脖子难题。

案例 3　特种加工技术在我国航空发动机制造中的应用

案例描述　为了提高发动机的可靠推力，新型发动机采用大量的新材料，且结构越来越复杂，加工精度要求越来越高，对制造工艺也提出更高的要求。现代航空发动机技术向着复合化、整体化、精密化的方向发展。特种加工技术也称"非传统加工技术"，是利用化学能、电能、声能、热能、光能等能量单独或多种能量组合，达到去除或增长材料或材料改性的目的，从而实现材料被去除、增长、变形、改性或镀覆等的加工方法。这种特殊技术的出现，解决了现代航空制造业的难题，并在某些方面优化了制造工艺和方法。涡轮机叶轮的三维几何通道在过去是不能制造的，通常在五轴联动的铣床上仅能对开放的这种类型进行加工制造，对于不开放的极端螺旋几何通道是不能加工的，但是现在六轴以上的电火花成形机床就能加工了。国际上普遍采用电解加工设备代替传统机械加工设备来实现整体叶盘、叶片的精粗加工及电解抛光，达到整体叶盘叶片、叶轮叶片型面轮廓尺寸及表面粗糙度的工艺要求。发动机的风扇叶片采用激光冲击强化技术，可增加其使用寿命；压气机、燃烧室及涡轮等零部件主要采用激光制孔、激光切割、激光焊接来完成，可提高零部件的加工效率与加工精度（见图2-8）。

德国EMAG整体叶盘电解加工装置

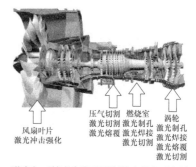

激光加工技术在发动机制造中的全面应用

图 2-8　电解和激光加工在航空发动机制造中的应用

思政目标　新型航空发动机采用特种加工技术来解决加工制造难题，把工匠精神融入生产制造的每一个环节；敬畏职业、追求完美，才有可能实现突破创新，建设世界科技强国，瞄准世界科技前沿。

2. **知识讲解**

（1）切削运动基本概念

结合切削金工实习讲解主运动和进给运动的定义和各自的特点，举例说明车削、铣削、钻削和磨削各自工艺的主运动和进给运动。

（2）机械加工方法

结合视频、实物照片具体讲解以下机械加工方法：车削、铣削、刨削、钻削与镗削、齿面加工、复杂曲面加工、磨削、特种加工。

(3)发动机典型五大件工艺方法选择

结合图 2-9,以发动机典型五大件为例,以提问的方式,让学生选择各自的加工工艺方法。

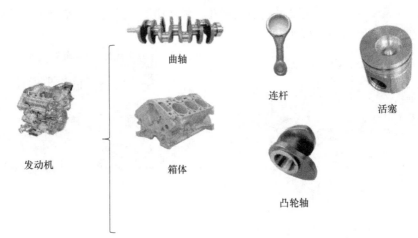

图 2-9　发动机典型五大件

3. 学习小结

如图 2-10,以学习思路为主线,基于知识的学习,再次以口罩中的"网红神棍"

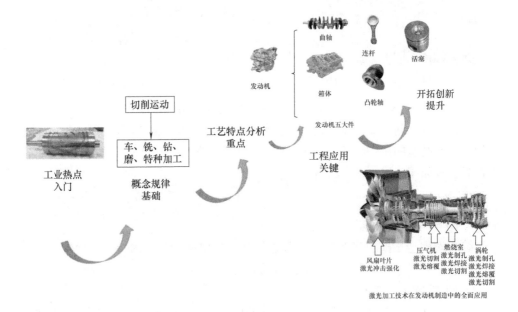

图 2-10　课程思路与逻辑

第二章 传承精益求精 弘扬工匠精神

为例,回顾总结学习内容与逻辑,整个过程包括工业热点现象、切削概念规律、工艺特点分析、发动机工程应用、开拓创新,鼓励学生把工匠精神融入生产制造的每一个环节,敬畏职业、追求完美。

4. 互动讨论与作业

设置线上思考与探讨的互动环节,布置作业(见图 2-11)。通过讨论与思考让学生意识到先进制造技术的重要性,只有提高我们的先进制造技术及装备,才能解决芯片等卡脖子难题,鼓励学生精益求精、专业专注,利用所学知识积极创新,解决目前亟待解决的加工技术问题。

讨论:陀螺仪是如何制造出来的?

来自课程《机械制造技术B》

图 2-11 线上讨论及作业

三 课程思政效果

在课程结束后还会在学校课程网站平台上"抛"给同学们一个开放性问题,促进大家深入思考、学以致用。

美国 MX 战略导弹(可装 10 个核弹头)制导系统的陀螺仪是决定命中精度的最关键部件,其右边的圆球就是石英制成的转子,是近乎完美的球体。每个陀螺仪的转子是一个乒乓球大小的石英球,表面涂着一层极薄的金属铌,它能以 10000r/min 的速度旋转。这种石英球是人类迄今制造过的最接近完美球体的东西。如果把一个石英球放大到地球那么大,那么它表面上"最高山峰"顶点与"最深海沟"底部之间的高度差还不足 5m。

"陀螺仪转子加工精度要求非常之高,以至于我们的常规切削加工方法很难达到加工要求,必须用特种加工方法,这更坚定了我后续选修'精密加工技术'的欲望和决心。我们国家科技的强大必须依靠更加先进的制造技术。"2018级班长江云云同学学完这个章节深有感触地说。

第四节　机械装备结构设计课程思政教学案例

一　课程基本信息

（一）课程思政教学定位

机械装备结构设计课程以机床及其零部件的典型结构设计为主线，着重介绍机械装备零部件结构设计原则、主传动系统运动设计规律、主轴组件与支承件及导轨的设计方法，并对机械结构中的优化设计方法进行概述。通过本课程的学习，学生将具备将抽象的机械工作原理具体化为零部件技术图样的能力。培养学生精益求精、脚踏实地的工匠精神，通过弘扬工匠精神，培育学生追求完美、勇于创新的精神，为实施创新驱动发展战略、推动产业转型升级奠定坚实基础，加快建设制造强国，推动经济高质量发展。

（二）课程思政教学案例设计思路

依托 2009 年启动实施的"高档数控机床与基础制造装备"科技重大专项，我国装备制造业发展取得了长足的进步，但仍须在设计、制造以及综合测试和评价等方面继续加强核心技术的自主创新能力。通过机械装备结构设计课程中航天装备中零件设计结构对装备运行精度的影响案例，让学生了解无论是"两弹一星"、载人航天工程取得的辉煌成就，还是高铁、大飞机等的设计与制造，都离不开工匠精神，都展现出了我们对工匠精神的继承与发扬。

二　案例教学设计

（一）教学内容和目标

教学章节为第二章典型加工工艺零件结构设计基本原则。

基于成果导向教育（OBE）的理念，以案例为背景讲解零件在不同加工工艺条件下的结构设计基本原则，使学生们认识到零件的结构设计原则不是千篇一律的，采用不同加工工艺方法生产的零件，其结构设计原则是不同的。要求学生初步具备对不同加工工艺的零件进行结构分析及设计的能力。

学习目标：

理解不同的零件制造工艺对应着不同的结构设计原则，建立结构与工艺相互关联的设计理念；

掌握切削加工、铸造、焊接及塑性成形等零件加工工艺对应的结构设计原则。

成果期望：

初步具备针对不同加工工艺的零件进行结构设计的能力。

（二）教学过程及思路设计

1. 知识引入

机械装备与国计民生密切相关，每一个装备上的零件都需要通过各种加工方法制造出来，制造的依据来源于设计图纸，在图纸中绘制的零件结构设计方案对产品加工的难易、制造的成本和质量的高低起着重要的作用。对于不同的加工方法，由于加工原理、加工设备以及加工过程的不同，生产出来的零件结构特点也不相同。因此，为提高零件结构设计的合理性，必须针对各种加工方法的特点，掌握不同加工工艺条件下零件结构设计应遵循的基本原则。

案例1　火箭导航装置——惯导的铣削

案例描述　2020年天问一号火星探测器和嫦娥五号月球探测器陆续成功发射，搭载它们的长征五号火箭多次顺利完成任务，其中的惯性导航组合是确定火箭飞行轨迹的重要部件之一，而惯性导航组合中的加速度计又是惯性导航组合的重中之重（见图2-12）。加工中每减小1μm的偏差就能减少火箭在太空中几公里的轨道误差。产品设计的公差为5μm。但铣削工人精益求精，20多年潜心钻研，利用高倍显微镜对数控机床刀具进行微观检测和不断修磨矫正，加工出的零件逼近0公差，保证了火箭精确的运行轨迹。

案例2　导弹"外衣"——舱体的铸造

案例描述　导弹技术水平是衡量一个国家军事实力的重要标志之一。被称为导弹"外衣"的导弹舱体在高速飞行过程中，与空气摩擦会产生高热（见图2-13），因此，要求这件衣服不仅要轻，还要抗高压、耐高温，加工精度达到0.01mm级，不能有任何一点瑕疵，否则，会埋下重大隐患，造成巨大损失。

图 2-12　火箭导航装置——惯导

图 2-13　导弹"外衣"——导弹舱体

导弹舱体通常采用铸造的方法完成，但由于其外形庞大，内部结构复杂，即便是在制造业高度发达的国家，面对这样的铸件，也无法采用机器进行造型，只能手工操作。设计制造人员不仅要熟练掌握铸造的全工艺流程，还要结合军品中不断出现的新材料新工艺进行知识更新；并通过在翻砂等枯燥的实践中反复琢磨、持之以恒，精心磨练精准的手艺，时刻准备为制造具备高科技的现代化国防武器贡献力量。

案例3　火箭关键部位——喷管的焊接

案例描述　喷管是火箭发动机的一个重要部件，推进剂燃烧产物通过喷管膨胀加速，将其热能充分转化为燃气的动能，从而使发动机获得推进动力。喷管的焊接壁厚0.33mm，总长1600多米，是发动机焊接难度最大的部件。要将这些细如发丝的管子编织在一起，焊接工艺要求是每个焊点0.16mm宽，完成焊接允许的时间误差是0.1s，需要3万多次的精密焊接操作（见图2-14）。

中国的设计制造人员勇于向国际先进技术发起挑战，通过显微镜、X光等分析检测，选择合理的焊接材料，切割打磨自制焊丝，研究低熔点氩弧焊方法，将焊接时间由0.1s降低到0.01s，练就10min不眨眼的技能，不断攻克发动机焊接中的技术难题。

图2-14　火箭喷管的焊接

思政目标

① 每个装备中都有采用不同加工方法生产的关键零部件,不仅是导弹和火箭。引导学生要全面学习各种知识,还要学一行、爱一行,培养甘于寂寞、爱岗敬业、坚守专注的品质。

② 针对不同加工工艺的结构设计基本原则并不是艰深完备的理论知识,但细节决定成败,设计时应从小处着手,不放过每一个设计环节,刻苦钻研、精益求精,才能做到低成本的高质量生产。

③ 结构设计不是孤立的,要与具体的加工工艺方案相结合,要深入了解各种加工工艺的原理和特点,不能脱离制造谈设计,要两者相结合,脚踏实地,实践出真知。

④ 设计过程中要不断学习新的知识,与时俱进,根据产品的需求进行技术革新,引导学生要对自己高标准严要求,对知识不光懂还要通,更要精。

2. 知识讲解

(1) 不同加工工艺的基本原理

切削加工是机械工业中最常见的加工方式。它通过刀具去除毛坯上的多余金属,最后达到所需尺寸和精度。常见的切削加工方法包括车、铣、镗、刨、磨和钻等。

铸造加工,根据图 2-15 所示的铸造加工过程可知,铸件可以在某种程度上自由选定其形状和壁厚的变化,并且具有较高的刚性,所以铸造加工广泛用作机械和器具中静止不动的、形状复杂的零件的加工。

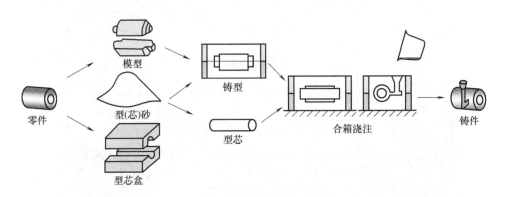

图 2-15 铸造加工过程

(2) 针对不同加工工艺的结构设计基本原则

以案例分析的方法,对切削加工、铸造、焊接和金属塑性成形等加工方法,在提高加工精度、提高生产率和设备利用率等方面的结构设计基本原则进行讲解和分析。

3. 互动讨论与作业

（1）线上互动讨论

通过对不同加工工艺下结构设计基本原则进行梳理，引导学生深入思考，分析归纳不同加工工艺方案下，零件结构设计基本原则的异同（见图2-16）。

第2章讨论
通过对本章学习内容的总结整理，能否举例说明不同加工工艺下零件结构设计准则的异同

朱紫茵 2020-07-01 22:13
切削件加工时，加工表面的设计应采用最高生产率的工艺方法，如加工面垂直于定位面、加工面高于非加工面、避免加工斜孔等。铸件加工外形工艺力求简单，造型要便于起模，如减少分型面数量，减少型芯，并且要考虑合金的冷却和收缩，设计适当的壁厚。焊接件着重焊缝处理，合理分布焊缝位置，避开机械加工面。金属塑性成形加工，自由锻和冲压成形结构设计需求也各不相同。

图2-16　线上互动讨论

（2）课后开放性作业

布置课后开放性作业，鼓励学生利用思维导图等高效学习工具，对任意加工工艺下的结构设计原则进行总结，充分理解优秀的设计离不开工艺知识的熟练掌握，增强设计方案要与工艺相结合的意识。

第五节　机电一体化系统设计课程思政教学案例

一　课程基本信息

（一）课程思政教学定位

机电一体化系统设计课程是综合机械设计、自动控制、检测技术、电气传动、微机控制理论等多学科的最新技术，以设计典型机电一体化产品为课程主线，着重介绍机械系统部件的选择与设计、执行元件的选择与设计、检测部件的选择与设计、微机控制及接口设计；以立德树人和创新培育为两翼，以我国高端机电产品的辉煌成就为思政切入点，培养学生的工匠精神、创新意识、家国情怀、社会责任感和使命感。

（二）课程思政教学案例设计思路

中国制造业经过多年的飞速发展，取得了长足的进步，但仍然存在大而不强，产品的品质徘徊在中低端，利润低，核心竞争力不足等问题。高档数控机床，核心电子器件、高端通用芯片及基础软件，大飞机，半导体装备都是典型的高端机电一体化系统，是一个国家制造业的基石，作为国之重器，国家高度重视其发展。2015年的十二届全国人大三次会议的《政府工作报告》中提出了"中国制造2025"的概念，为我国从制造大国转向制造强国提出了远景规划。在规划中列出了将来十大重点发展领域，高档数控机床、机器人等名列其中，凸显机电一体化技术在当今乃至未来十几年的现代化工业中的重要地位。在此背景下，机电一体化系统设计课程作为传授基础专业知识和培养专业人才的专业课程，通过大量的实际案例，结合多种方式，将思政教育有机融入课程教育中，将中国制造的"精益求精、工匠精神"进行传承和发扬，做到教书育人的润物无声。

案例教学设计

（一）教学内容和目标

教学章节为第一章第1节绪论。

通过概念解析、实际案例、图像和视频展示等多种方式，让学生理解"机电一体化"的概念、内涵和外延，机电一体化系统在国民生产中的重要地位，让学生加深了解学习本课程的重要意义及其在整个专业课中的重要地位，提高学习兴趣。

学习目标：

掌握机电系统设计的内涵、作用、目标，研究的核心技术问题，机电系统（产品）的构成要素和功能要素以及它们之间的相互联系；

掌握机电一体化系统（产品）的一般设计工作流程，应考虑的方法和设计类型；

了解机电系统（产品）设计的基本程序、准则与规律，现代设计方法在机电一体化系统（产品）中的应用。

成果期望：

掌握"机电一体化"及"机电一体化系统"的概念，理解机电一体化系统设计的内容，为后续学习打下良好的基础。

加深对学习本课程重要意义的理解，了解该课程在整个专业课中的重要地位，提高学习兴趣。

（二）教学过程及思路设计

1. 知识引入

案例1　"大国重器"中的国产机电一体化系统

案例描述　高端数控机床等复杂机电一体化系统一直被西方工业强国垄断，经过几十年的不断投入和国内研发人员的钻研攻关，国产机电一体化系统在高档数控机床、机器人、高铁、大飞机等重大项目领域取得关键技术的突破（见图 2-17）：华中数控研发的高档数控系统及数控机床成功实现 0.02μm 表面粗糙度的金属镜面切削加工，达到世界顶尖水平；新松研发的真空机器人是在洁净环境下从事半导体芯片制造、生化制药的关键装备，填补了中国在该领域的空白；中国在高铁、汽车自动化生产和大飞机方面取得的辉煌成就有目共睹。

(a) 高精密数控机床

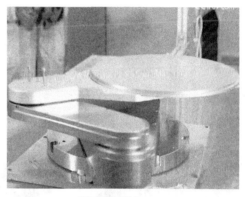

(b) 真空机器人

(c) 汽车装配生产线

(d) 中国高铁

图 2-17　国产机电一体化系统今非昔比

思政目标 以鲜活的案例展现国产机电一体化系统取得的辉煌成就，让学生在提高对机电一体化系统感性认识的同时，激发学生的民族自豪感和自信心，从另一角度突显我国科研人员甘于寂寞、勇于担当、孜孜不倦和精益求精的工匠精神。

案例2 "华为事件"背后的国产机电一体化系统装备短板

案例描述 华为是一家百分之百的我国本土企业，掌握了5G通信技术的核心，走在世界前沿。以美国为首的西方国家为了阻止华为的发展，从市场、半导体芯片供应链等各个方面不择手段地对其进行打压，华为不得不启用悲壮的"备胎计划"，但由于缺少制造半导体芯片的关键装备——7nm光刻机，华为技术核心之一——高端芯片"麒麟"一直存在"断供"的危机（见图2-18）。

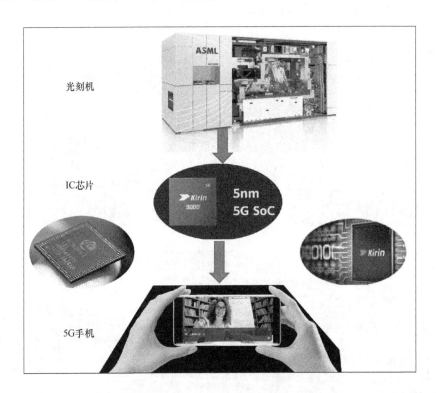

图2-18 华为手机背后的机电一体化系统

思政目标 通过"华为"危机事件，让学生认识到我国在先进机电一体化系统方面的短板和受人制约的窘境，要始终保持清醒的头脑，切身感受到新时代机械设计人员肩负的科技强国的重任，激励学生要勇挑重担，攻坚克难，胸怀拳拳报国心。

2. 知识讲解

（1）机电一体化系统的概念及组成

通过《大国重器》视频中展示的高档数控机床、高端机器人及自动化汽车加工生产线等引出机电一体化和机电一体化系统的概念，并通过不同国家教材对机电一体化系统的解释，让学生了解概念的由来及内涵，并能了解机电一体化系统的基本组成。（成果期望一）

（2）机电一体化系统的现状

结合《大国重器》视频中的节选案例新松超净机器人、飞扬数控系统、精密数控机床、大飞机、高铁等，讲解我国在机电一体化系统中取得的成就，激发学生的民族自豪感，并通过"中兴""华为"事件中暴露出的短板和不足使学生认识到当前风云变幻的国际形势和我国机电一体化系统存在的短板，激励新一代年轻人秉持工匠精神，奋发图强，科技报国。（成果期望二）

（3）机电一体化系统设计关键技术

以高端数控机床组成为例，讲解机电一体化系统包括的七大共性关键技术：精密机械技术、传感检测技术、信息处理技术、自动控制技术、伺服驱动技术、接口技术和系统总体技术。对机电一体化产品的一种认识是"在机械产品的基础上应用微电子技术和计算机技术产生出来的新一代机电产品"。这种认识的核心是"机电一体化产品必须是由计算机控制的伺服系统"。

（4）机电一体化系统设计方法

以机床数控化设计为例，解释机电一体化系统设计方法中的"取代法"，阐述整体设计法、组合法两种重要的设计方法，并对这3种方法进行比较。

（5）机电一体化系统设计流程

讲解机电一体化系统设计的一般流程，包括市场调查与预测、总体方案设计、详细设计、样机试制与试验、小批量生产和大批量生产阶段。

3. 学习小结

如图2-19，本课程以"什么是机电一体化"为牵引主线，通过高档数控机床、机器人、高铁等典型案例，阐述机电一体化及机电一体化系统的概念、组成及目前发展状况，并再次以高端数控机床为例，让学生了解机电一体化系统包括的七大共性关键技术，并以"取代法"为重点介绍机电一体化系统的三大设计方法。课程最后对机电一体化系统设计的一般流程做了介绍。

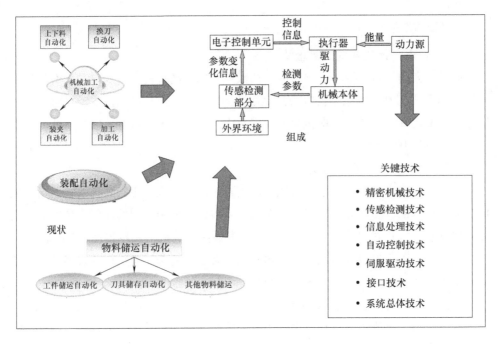

图 2-19 学习小结

4. 互动讨论与作业

设置线上思考与探讨的互动环节，布置作业（见图 2-20）。通过讨论视频《大国重器》中我国在机电一体化领域取得的成就，认识机电一体化系统的现状、组成及包含的关键核心技术，让学生感受到机电一体化系统的发展水平决定了一个国家的工业水平，机电一体化领域也是当前大国博弈的重要战场，切实认识到国之重器的重要性，以提高思想认识。同时，通过新松机器人装配工程师的事迹，感召年轻人敢为人先，耐得住寂寞，坐得住冷板凳，为成为大国工匠奉献青春。

课程思政效果

通过本次课程的视频播放、图片展示及典型案例讲解，结合大家关注的"华为事件"新闻背后的剖析等，引领同学对基本概念的认识由浅入深、由表及里，从感性到理性逐层递进对机电一体化系统的概念、组成及关键技术进行理解，并能客观认识我国机电一体化系统目前所处的发展阶段。利用 UMU 互动学习平台，在课后与学生进行互动，引导学生对机电一体化系统的发展所需要的人才素质和努力有客观的认知。

图 2-20　线上讨论及作业

从学习平台的互动结果看,学生不仅能够掌握课堂的基础知识,并通过视频《大国重器》对国产机电一体化系统取得的成就深感自豪,发自内心地为祖国科技的发展感到骄傲,无不被为大国重器做出巨大牺牲的一代代科技人员精益求精的精神及大国工匠的爱岗爱国情怀所感染,达到了预期的思政效果。

第三章

激发创新活力
勇担制造使命

第三章 激发创新活力 勇担制造使命

科技创新是国家发展的核心动力，中国要强盛、要复兴，就一定要大力发展科学技术，努力成为世界主要科学中心和创新高地。制造业作为国家综合实力的根本，是立国之本、强国之基，制造业高质量发展离不开机械专业高级工程技术人才的培养。机械专业的大学生是未来的工程师，优秀的工程师不仅要具备扎实的专业知识，还必须要有强烈的社会责任感和历史使命感，才能肩负起历史赋予的科技创新重任。

本章以新一轮工业革命为背景，聚焦虚拟现实、数字化技术、机器人技术等与智能制造密切相关的课程。液压与气动技术课程，通过讲解"中国天眼"之父——南仁东的事迹以及介绍"蛟龙号"、最大直径泥水盾构机"春风号"成功研制的里程碑意义，引导学生确立追求卓越、勇攀高峰的科学态度，增强学生的科技自信，激发科学热情；机械测试与控制基础课程教学过程中引入我国数控系统的快速发展历程，揭示蕴含其中的求真务实的职业精神、开拓创新的科学精神；虚拟设计与制造课程将国产大飞机、核电装备工厂、高铁及隧道施工等的设计、制造、应用场景引入课堂，强化拥有建设一流世界强国所需要的装备设计创新性思维和先进技术与方法的必要性；工业机器人课程，通过与"新冠病毒疫情"时事相结合，展现工业机器人的应用与创新解决问题的启发，引导学生对"自主创新和制造强国"进行深入思考；机械创新及实践课程引入轮转式发石车、港珠澳大桥等科技创新的案例，培养和增强学生的创新意识和民族使命感；机器人技术基础课程通过网红四足狗机器人、"嫦娥四号"以及机器人在智能制造中的应用等案例，使学生树立起为独立研制机器人而学习的信念，引导学生深入思考机器人本体的创新本质，激发学生为中国"制造"崛起的强烈主动作为意识。

在本章在专业课程授课过程中，专业教师立足自身科研领域，弘扬科学家精神，坚持"四个面向""四个自信"，强化课程思政建设，培养学生把握大势、直面问题、迎难而上的精神，使学生勇于肩负起历史赋予的重任，勇做新时代科技创新的排头兵。

第一节 液压与气动技术课程思政教学案例

 课程基本信息

（一）课程思政教学定位

液压与气动技术课程综合流体力学、液压技术及气动技术的最新技术，着重介绍流体力学基础理论、液压及气压传动的基本工作原理和应用。通过本课程的学习，使学生掌握流体力学基础知识、液压与气动技术工作原理的同时，增强科技强国意识、实践创新意识，培育精益求精的大国工匠精神，拥有科技报国的家国情怀和使命担当。

（二）课程思政教学案例设计思路

立足于课程思政建设根本要求，坚持育人为导向、专业知识为载体，结合"天眼""天眼之父""蛟龙号""盾构机"等时事热点及国家决策，深挖思政元素，融入专业知识教学过程，丰富课堂教学内容，拓展专业课程教学的深度和改革广度。基于课程教学特点，紧扣科技强国、爱国主义教育要点，充分整合数字化教学资源，利用以多媒体技术为载体的电子课本、多媒体课件、网络课程及资料库等教学资源，线上线下教学相融合，丰富课程思政教学方式，创造良好的课程思政教学氛围。结合与专业知识教学相关、蕴含爱国主义教育的视频（《大国重器》《大国工匠》等）进行思政教育，激发学生学习积极性，提高课堂德育功效，增强学生科技强国意识和家国情怀。

二 案例教学设计

（一）教学内容与目标

本次教学章节为第三章 3.1 液压泵和液压马达概述。

通过典型案例讲解，展示液压泵和液压马达工作原理及其在社会生活和工业生产中的应用，启发学生对液压与气动技术重要作用和地位的思考，增强学生对液压元件学习的动力。

学习目标：

掌握液压泵、液压缸、液压马达、液压控制阀等液压元件及气缸、气压泵等气压元件的结构、工作原理及应用场合。

掌握液压与气动技术的工作原理，能够理解液压与气动技术领域复杂工程问题的原理，并研究解决方法。

成果期望：

了解并掌握液压泵/马达的结构、基本工作原理及应用；

具有理解、分析液压与气动技术领域复杂工程问题的能力。

（二）教学过程及思路设计

1. 知识引入

案例1 "中国天眼"之父——南仁东

案例描述　2017年9月15日，我国著名天文学家、"天眼之父"南仁东先生因病逝世，享年72岁（见图3-1）。在过去的23年里，南仁东成就了中国在世界上独一无二的项目——500m口径球面射电望远镜FAST，人们称它为"中国天眼"，目前是世界上口径最大、最精密的单天线射电望远镜。作为FAST的两大核心设备之一，"天眼"昂首苍穹靠的是2200个液压传动杆的支撑，液压促动器用于调节反射面面型，以便多方位观测天体，这是我国科学技术和综合国力的体现。24年前，科学家们提出，要在全球电波环境恶化之前，建造新一代射电望远镜，接受更多来自外太空的信息。就在此时，面对国外高薪待遇，南仁东毅然选择回归祖国，投身祖国科学建设。从"天眼"的选址、论证、立项直至建设，南仁东都亲力亲为。直至2016年9月25日，"天眼"工程正式落成启用，心无旁骛、殚精竭虑，南仁东终圆梦"FAST"。

南仁东——"中国天眼"的主要发起者和奠基人

- 1963年以高考平均98.6分(百分制)的优异成绩夺得"吉林省理科状元"，并考入清华大学无线电系
- 1978～1987年 就读于中国科学院研究生院
- 1993年 在日本国际无线电科学联盟大会上，南仁东立志建设属于中国自己的射电望远镜
- 1994年 提出500m口径球面射电望远镜(FAST)工程概念
- 1994～2016年 投身FAST项目建设，作为工程团队的带头人，建成了具有中国自主知识产权、世界第一大单口径射电望远镜，这一做就是22年
- 2017年9月15日，因肺癌突然恶化，抢救无效逝世

图3-1 "中国天眼"之父——南仁东

思政目标　结合天眼案例，突出液压传动的重要作用和地位，同时展现我国科学技术的快速发展，及在太空探测方面做出的巨大贡献，以此培养学生的科技强国意识，激发学生的实践创新精神，增强学生的民族自豪感。同时讲述"天眼"项目发起者与奠基者——南仁东的事迹，为学生展现了一名胸怀祖国、服务人民；拥有敢为人先、坚定执着的科学精神，淡泊名利、忘我奉献的高尚情操，真诚质朴、精

益求精的杰出品格；勇担民族复兴大任，为科学事业奋斗到生命最后一刻的伟岸科学家形象。以榜样的力量引导学生培养正确的人生观与价值观，树立投身建设祖国的远大抱负，播撒敢为人先、不畏艰难、精益求精的精神之种。

案例 2 "蛟龙"号研制

案例描述 "蛟龙"号载人潜水器项目于 2002 年立项，2008 年完成设备研制工作，是"十五" 863 重大专项 "7000m 载人潜水器"的成果，设计最大下潜深度 7000m（见图 3-2）。在科技部的持续支持下，"蛟龙"号载人潜水器分别于 2009 年 8~10

"蛟龙"入海前准备

"蛟龙"潜海

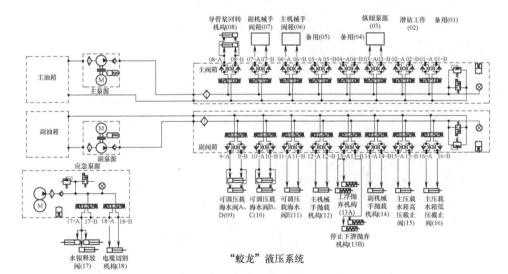

"蛟龙"液压系统

- 2010 年 8 月 26 日，"蛟龙号"深海载人潜水器在南海取得 3000m 级海试成功，最大下潜深度达到 3759m。这标志着中国成为继美、法、俄、日之后第五个掌握 3500m 以上大深度载人深潜技术的国家。
- 试验成功的"蛟龙号"可在占世界海洋面积 99.8%的广阔海域中使用，对于我国开发利用深海的资源有着重要的意义。

图 3-2 "蛟龙"号研制

月,2010年6月、7月和2011年7月、8月完成了1000m级、3000m级和5000m级海试,一次次刷新了我国载人深潜的新纪录,最大下潜深度达到5188m,标志着我国深海载人技术已达到国际先进水平,可与美、法、俄、日比肩。"蛟龙"号载人潜水器是我国首台自主设计、自主集成研制的作业型深海载人潜水器,设计最大下潜深度为7000m,也是目前世界上下潜能力最深的作业型载人潜水器。深海蕴藏着丰富的资源,载人潜水器是深海开发的重要工具。"蛟龙"号可在占世界海洋面积99.8%的广阔海域中使用,对于我国开发利用深海资源有着重要的意义。

思政目标 "蛟龙"号成功海试,标志我国的海底载人科学研究和资源勘探能力达到国际领先水平,推动我国深海资源开发利用快速发展。同时,在这个举世瞩目的成绩背后,凝聚了科学家们严谨求实、团结协作、拼搏奉献的精神。通过"蛟龙"号的研制与其重要使命的讲解,培养学生科技强国意识,引导学生在学习研究过程中发挥团结协作、共克时艰的奋斗精神,确立追求卓越、勇攀高峰的科学态度。

案例3 盾构机与液压传动

案例描述 2019年8月3日,我国自主研制的最大直径泥水盾构机"春风号"在深圳春风隧道始发,正式投入使用。该设备是迄今为止我国自主设计制造的最大直径泥水平衡盾构机,其设计制造技术达到了世界先进水平(见图3-3)。"春风号"总长135m,重4800多吨,开挖直径15.80m,是为春风隧道建设量身定制的"大国重器",研制过程中突破了一系列关键技术,填补了我国直径15m级别大直径泥水平衡盾构机领域的空白。"春风号"总功率超过1.15万千瓦,比"复兴号"高铁的总牵引动力高10%,推力高达2.46万吨,是我国最大运载火箭"长征五号"的24倍左右。这是截至目前我国自主设计制造的最大、世界第三大直径泥水平衡盾构机。它的成功下线,标志着中国盾构机的设计制造迈向高端化,在地下空间开发工程装备领域进一步推动了中国由制造大国向制造强国的迈进。

思政目标 进一步强化学生科技强国意识,讲述我国自主设计制造盾构机且技术达到世界先进水平,凸显创新精神在推动科技发展中的重要作用。同时,通过聚焦我国自主研制的最大直径泥水盾构机"春风号"正式使用的时事热点,增强学生科学自信,激发科学热情,引导学生树立投身科研、为祖国科技进步不懈奋斗的信念。

2. 知识讲解

(1)液压泵基本工作原理

如图3-4,以简单的单柱塞泵为例,讲解其基本结构组成和运动过程,帮助学生建立对液压泵基本结构和工作原理的认知,为随后讲解关于液压泵的相关知识做铺垫。

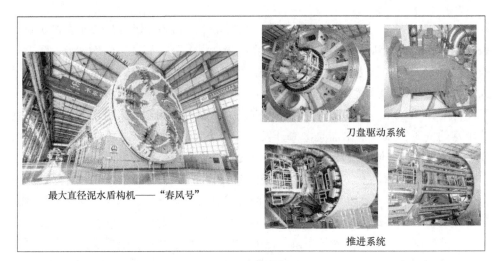

图 3-3 盾构机与液压传动

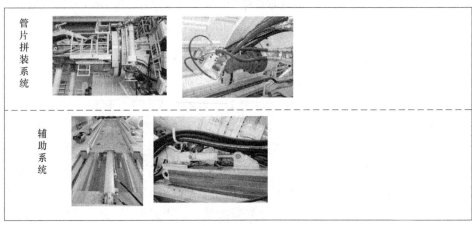

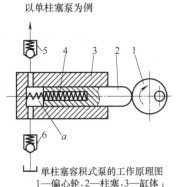

组成：偏心轮、柱塞、弹簧、缸体、两个单向阀。柱塞与缸体孔之间形成密闭容积。柱塞直径为d，偏心轮偏心距为e。

偏心轮旋转一转，柱塞上下往复运动一次，向下运动吸油，向上运动排油。泵每转一转排出的油液体积称为排量，排量只与泵的结构参数有关。

单柱塞容积式泵的工作原理图
1—偏心轮；2—柱塞；3—缸体；
4—弹簧；5—排油单向阀；6—吸油单向阀

图 3-4 液压泵基本工作原理

第三章　激发创新活力　勇担制造使命

（2）液压泵的主要性能参数

如图 3-5，细致讲解液压泵主要性能参数的基本概念及计算方法。性能参数包括压力、转速、排量、流量、功率、效率等。通过对性能参数的讲解，使学生掌握基本的理论知识，同时引导学生结合生活实际，思考性能参数对液压泵选型与使用的影响，提高学生理论联系实践、自主思考的能力。

图 3-5　液压泵的主要性能参数

（3）液压泵与液压马达的区别

如图 3-6，区分液压泵与液压马达，并细致讲解液压泵与液压马达的分类，使学生掌握不同类别液压泵所对应的图形符号，帮助学生识别液压系统中的元器件，提升学生绘制液压系统组成的基本专业技能和素养。

液压泵：

- 按主要运动构件的形状和运动方式：齿轮泵、叶片泵、柱塞泵和螺杆泵；
- 按排量能否改变：定量泵和变量泵。

液压马达：

- 按结构：齿轮马达、叶片马达、柱塞马达和螺杆马达；
- 按排量能否改变：定量马达、变量马达；
- 按其工作特性：高速液压马达和低速液压马达。

图 3-6　液压泵与液压马达

3. 互动讨论与作业

丰富教学手段和方法，综合采用提问、习题、小组讨论等多种形式巩固本节课所学知识（见图 3-7）。全班同学就近分成若干组，讨论液压泵在生活中的使用场景，每组选择一个液压泵的使用场景，通过查找资料，分析其性能参数及选型要求，汇总组员讨论成果，各组以多媒体演示的形式进行展示。

> 液压系统中，液压泵的额定压力 $p_s=24\text{MPa}$，排量为 $V_p=45\text{mL/r}$，在额定压力下输入转速为 $n=1100\text{r/min}$，测得液压泵的实际输出流量为 42L/min，且已知液压泵的总效率 $\eta=0.8$。
> 试求
> （1）泵的理论流量（L/min）；
> （2）泵的容积效率；
> （3）泵的机械效率；
> （4）泵在额定工况下电机的输入功率（kW）；
> （5）驱动泵的转矩（Nm）。

图 3-7 互动讨论与作业

课程思政效果

本节课通过基本知识讲解与课程思政案例融合的教学形式，加深学生对液压与气动元件结构及工作原理的理解；使学生掌握自主发现问题、解决问题的方法；学会如何分析液压与气动技术领域复杂工程问题的原理，增强创新意识，培养自主思考能力。通过作业与互动讨论使学生进一步巩固课堂所学内容，从而做到学以致用。

课上，课程思政案例的讨论与讲解，架起了理论沟通与实践应用、知识学习与思想提升的桥梁，液压气动知识传授与学生思想品行塑造相辅相成。通过教师的讲解，激发学生学习动力，培养学生科技强国意识、实践创新意识，既丰富了课程教学内容，又强化了课堂育人育德主渠道的功用。通过教师的引导，学生能举一反三，发现学习生活中更多关于液压气动技术的应用及相关热点时事蕴含的爱国主义元素，从而在自主思考、感悟中实现自身专业素养与道德修养的持续提升。

第二节 机械测试与控制基础课程思政教学案例

课程基本信息

（一）课程思政教学定位

机械测试与控制基础课程以控制和测试系统的构建、分析以及性能改善为主线，包含控制工程和测试技术两大内容。通过课程学习，要求学生能够运用工程专业知识对机械领域复杂工程问题进行分析、设计、制造和控制。课程将专业知识和工程实践、工程伦理相结合，培养学生精益求精的工匠精神、开拓创新的科学精神、求真务实的职业精神以及科技报国的家国情怀。

（二）课程思政教学案例设计思路

机械测试与控制基础课程以新时代的科技创新需求为切入点，基于成果导向教育（OBE）理念，精选与课程思政元素契合、与教学内容一致的教学案例，如国家重大工程项目、科技前沿问题、国家相关政策规划、新闻热点、典型人物事迹以及身边老师的科研事迹等。课程采用线上线下混合教学模式，课堂讲授和互动讨论交叉进行。课堂上主要通过图片和短视频形式引入教学案例，将抽象的理论知识具体化、实践化，激发学生学习兴趣，提高学习积极性，增强学习效果；同时通过教学案例有计划地将创新精神、科学精神、职业精神和爱国情怀等课程思政元素融入课程知识点，贯穿于整个教学过程中，通过潜移默化的方式实现立德树人的目标。

案例教学设计

（一）教学内容和目标

教学章节为第三章 3.4 节系统误差分析与计算，本节知识结构如图 3-8 所示。

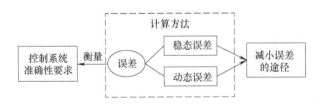

图 3-8　本节知识结构图

通过多个教学案例串联的方式组织教学内容，引导学生从为什么要保证控制系统的准确性，如何计算稳态误差，到怎样减小控制系统的稳态误差，循序渐进引导学生逐步完成本节学习内容。

学习目标：

理解控制系统准确性、稳态误差等概念；

掌握控制系统稳态误差的计算方法；

了解消除和减小稳态误差的措施。
成果期望：
明确控制系统类型和输入信号对稳态误差的影响；
为控制系统准确性分析及改进奠定基础。

（二）教学过程及思路设计

1. 知识引入

案例 1　用"中国大脑"装备中国制造

案例描述　《中国制造 2025》部署全面推进制造强国战略，将高档数控机床列为十个重点领域之一。高档数控机床是制造"大国重器"不可或缺的利器，数控系统作为其"大脑"，是决定机床准确性的关键，高精度亦是数控系统发展趋势之一。多年来我国数控企业通过自主创新、科研攻关，取得了很大的发展，高端数控系统的占有率得到提高，国产机床的定位精度已达到微米级和亚微米级。例如华中数控的智能数控系统，攻克了高速高精度控制、多轴多通道联动等关键技术（见图 3-9）。

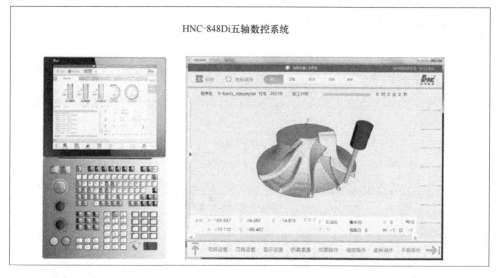

图 3-9　华中数控系统

思政目标　我国数控系统不断完善品质、求实求精的发展历程体现了精益求精的工匠精神，求真务实的职业精神、开拓创新的科学精神。借此引导学生对工业产品精度控制问题进行深入思考，并结合数控系统精度控制技术的简介，开阔学生视野，引导学生认清专业方向，有助于培养学生的职业技能。

案例 2 破除"卡脖子"难题

案例描述 工业机器人控制器负责发布和传递动作指令,控制其运动位置等,其性能决定机器人运动控制的准确度。我国机器人由于起步较晚,机器人产业链上游的控制芯片、控制系统和伺服电机等核心部件与工业发达国家仍存在较大差距。由工业机器人核心技术的"卡脖子"问题扩展至美国对华为芯片销售禁令事件,让学生意识到只有依靠自主创新,才能掌握核心技术,冲破竞争对手的技术壁垒。

思政目标 通过案例说明工业机器人精度控制问题的同时,帮助学生了解机器人控制器的国际竞争态势和行业需求,增强学生职业责任感。结合当前工业机器人控制领域中关键技术发展的痛点,引导学生正视差距和体会科技创新的重要性,激发学生的危机意识,鼓励学生奋发学习,树立科技报国的家国情怀和使命担当。

2. 知识讲解

(1) 基本概念

通过工程案例,启发学生探究控制系统准确性要求的内涵,同时引入误差、稳态误差等基本概念,明确本节课程的教学目标。

(2) 稳态误差计算方法

由对误差的定性描述过渡到定量描述,基于典型的反馈控制系统,通过公式推导归纳得到控制系统稳态误差计算的一般方法。借助课堂例题讲解,强化学生对控制系统稳态误差计算方法的掌握。引导学生讨论在不同的输入信号作用下,不同类型控制系统稳态误差的区别(成果期望一)。

(3) 减小稳态误差的途径

基于稳态误差的计算方法和工程案例,通过课堂分组讨论的方式,引导学生思考并明确提高控制系统准确性的途径。

(4) 项目仿真演示

基于贯穿整个课程的典型项目——数控机床直线运动工作台位置控制系统的建模和分析,采用 Matlab 软件仿真计算完成对该系统的稳态误差分析,讨论系统控制精度的改进方式(成果期望二)。

3. 学习小结

如图 3-10,以"精"为主线,紧扣控制系统的误差计算,再次基于数控机床直线运动工作台位置控制系统的准确性分析,对课程内容进行梳理总结,同时引导学生思考该控制系统准确性和稳定性、快速性之间的相互制约关系,引入唯物辩证法的矛盾论,培养学生的辩证思维能力,强调在进行控制系统设计时,应全面分析问题,抓住主要矛盾。回顾课堂上引入的教学案例,鼓励学生学好专业知识,成长为有能力有担当的"后浪"。

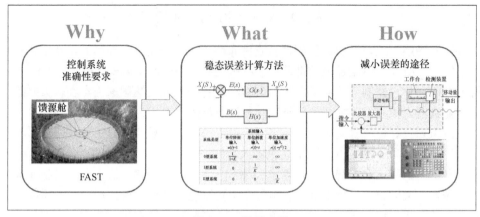

图 3-10　学习小结

4. 互动讨论与作业

借助网络教学环境，利用学习通平台设置课后互动讨论作业，引导学生结合所学知识探究控制系统准确性在工程设计中的重要性以及保证其准确性的方法。该任务加强了学生对准确性和误差的理解，将理论知识和工程实际联系起来；同时培养了学生查阅文献资料的能力、思考能力以及自主学习能力。

课程思政效果

围绕控制系统的精度要求和误差计算，结合相关教学案例，应用启发式教学方法带领学生认识控制系统的误差，通过讲授法对误差的计算方法进行讲解，最后利用讨论式教学和项目式教学方法，引导学生了解消除控制系统误差的途径。基于学生的认知规律，以学生对控制系统误差的认识、理解、应用为主线，各种教学方法交叉进行，加深学生对知识点的理解，增强学生的专业自信，激发学生的学习兴趣和创新意识。

第三节　虚拟设计与制造课程思政教学案例

课程基本信息

（一）课程思政教学定位

虚拟设计与制造课程是机械设计制造及其自动化专业的专业实践课。采用虚拟仿真网络线上自我操作与实体装置虚实融合线下实验有机结合的方式，实现机电装备设计、制造、自动化控制、售后服务全生命周期的虚拟技术应用和实验操作训练，使学生能够掌握机械装备综合设计、生产、售后服务的综合知识和实际设计操作能力；掌握虚拟设计与虚拟制造技术的核心内容、开发应用过程；掌握先进的软件工具和科技创新思维方式；树立绿色制造和可持续发展的理念和科技强国意识，为成为合格《中国制造 2025》工程技术人才打下理论和工程基础。

（二）课程思政教学案例设计思路

高端装备智能设计与制造技术是我国《中国制造 2025》的重要内容。智能制造本科人才培养，应以高端装备智能制造工厂为载体，以使用虚拟工厂开展装备设计、制造、自动化控制的技术训练为主要内容，重点展现支撑我国强国梦的科技创新、高端装备智能和绿色制造。

基于成果导向教育的理念，课程中所有实验均具有纯"网络虚拟仿真"版本和基于网络的"虚实融合"拓展实验模块，采用了线上、线下既可以独立又可以融合的教学模式。学生不是被动地观看虚拟演示，而是具有虚拟仿真交互操作和实体设备真实操控性的双重体验。实验中采用交互式虚拟设计方法，体验我校师生参与的高端装备，如国产大飞机、核电装备工厂、高铁及隧道施工等的设计、制造、应用场景，教育现代化——国家虚拟仿真实验教学的数字化虚拟工厂等应用成果，重点体会我校师生的参与内容，树立自立自强的信念。

 案例教学设计

（一）教学内容和目标

教学章节为实验三机械产品虚拟样机生成实验（设计性）。

请学生用已经完成的《机械零件课程设计》中减速箱的手工设计过程与虚拟仿真实验中的减速箱全数字化虚拟设计过程和技术特点做对比，引申到我国国产大飞机（C919、ARJ21、AG600、MA700 等）的设计需求和技术，体现虚拟设计的必要性和创新方法。

学习目标：

掌握零部件参数化设计与计算机辅助技术（CAX）；

掌握虚拟样机生成与技术应用；

掌握虚拟样机的制造、应用、自动化模拟运行；

掌握产品设计合理性虚拟校验方法与实现技术。

成果期望：

高端装备的设计方法与虚拟设计技术；

基于 CAX 的虚拟样机生成、性能分析与合理性校验方法。

（二）教学过程及思路设计

1. 知识引入

案例 1 减速箱的设计与大飞机虚拟设计

案例描述　机械设计制造及其自动化专业本科大二课程机械零件课程设计中，设计了齿轮减速箱，总共 22 个零件，在具有成熟知识和经验指导体系且能够充分参考的情况下，仅要求设计完成少数几个零件的设计，时间是 2 周（见图 3-11）。对于这次任务，大部分同学还是感到比较忙碌的。我国的大飞机 C919、ARJ21、Y20、AG600 等，没有成熟的经验和周全资料，每个飞机具有 120 万个零件，如何比世界上两大飞机制造商 Airbus 和 Boeing 花更少的时间设计出国产大飞机？通过我国大飞机设计过程中使用虚拟设计技术的讲解与学生操作训练，理解大飞机设计中新技术应用所带来的设计效能提升、如何大幅度缩短设计周期，让学生亲身体会新技术的特点和必要性。

思政目标　以强国为情怀、高端装备设计为目标、已有课程设计经验为基础，强化建设一流世界强国所需要的装备设计创新性思维和先进技术与方法的必要性和信心。

案例 2 核电装备与零部件智能制造

案例描述　核电装备是支撑我国装备制造业的能源动力装备，不仅零部件尺寸大，而且还需要加工精密。核电装备加工制造工厂属于智能制造工厂，需要现代化的大型数控加工设备、物流设备和安装检验测试设备。以运行于国家虚拟仿真实验教学项目共享平台上拥有我校自主知识产权的"发电装备大型工件机加工认知实验"中的核电装备虚拟生产工厂为载体，交互操作、浏览、体验智能制造技术，使学生能学以致用（见图 3-12）。

思政目标　通过在实验课程中，结合我国核电需求、应用、智能制造技术发展，通过交互操作，体会装备制造专业知识的重要性，提升专业学习的动力。

第三章 激发创新活力 勇担制造使命

图 3-11 减速箱的设计与大飞机虚拟设计

图 3-12

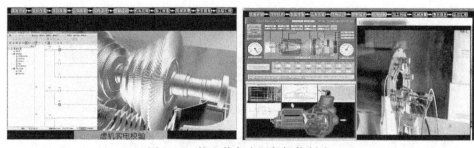

图 3-12　核电装备应用与智能制造

案例 3　数字孪生虚拟控制技术与高端装备现场施工运行

案例描述　高端装备，如高铁、盾构机、海洋铺管船、导弹与火炮防空体系的现场施工、运行工艺、自动化控制、调度指挥，是高端装备走向世界前列的重要环

图 3-13　数字孪生虚拟控制技术与高端装备现场施工运行

节，也是装备智能制造技术中与现场环境和有效运行相关的重要内容。实验中，以我校自行研发的虚拟仿真现场工艺技术——虚拟高铁架梁施工、盾构作业施工、海洋铺管船工艺控制施工、涡轮发动机叶轮自动化加工生产线控制、导弹与火炮自动化防空体系等交互虚拟操作系统为载体，让学生体验高端装备的现场环境和创新技术应用效能（见图 3-13）。

思政目标 体现虚拟技术在高端装备运行控制中的应用，激发学生对机电专业的学习热情并培养学生科技创新的思维方式。

2. 知识讲解

（1）虚拟设计与制造技术基本概念

结合机械工程领域的 CAX 技术、智能制造技术，计算机领域的程序开发技术、新兴的虚拟现实（VR）/AR/MR 技术，体会高端装备的设计、制造、运行控制中的虚拟样机取代实物或融合实物的技术特点与应用效能，走向绿色制造的可持续发展之路。

（2）虚拟制造过程

以基本机电零部件或元器件的设计、制造、应用过程为理论基础，面向我国跻身世界前列的高端装备的设计、制造、运行目标，交互体验高端装备设计、制造、运行控制的快速、合理、高效和减少实物资源、缩短制造周期的创新思维与技术实现过程。

（3）学习方式

采用网络化虚拟仿真交互操作体验方式，让学生不受时间地点限制地自行体验，系统可自动提示、判别操作的正确性。

（4）自行校验

学生在操作过程中，针对虚拟技术在设计、制造、运行中的运用，如针对高端装备复杂系统的分析、机电设计、虚拟样机生产、加工工艺制订、自动化控制等的设计操作合理性、知识相关性、实践经验数据等，系统可自动判别、诊断、分析和进行知识推送，学生在仿真环境下可对设计结果进行自我校验，增强在复杂机电系统学习过程中和以后工作中的自我管理能力。

3. 学习小结

让学生结合自己的操作训练和掌握的知识，面向我国的高端装备发展需求，总结虚拟制造技术的特点、路线与应用效能，找出自己的不足和目标，提出使用虚拟技术进行科技创新的思路和体会。以实验报告中的体会建议与思考专栏的形式，结合专项分数评价做出学习总结。

4. 互动讨论与作业

以 4 人小组共同实验操作相互讨论、线上线下组间讨论、师生讨论为主线，重点进行高端装备的创新技术思想交流，面对不同案例对象，每人每组提出建议，小组成员自评、互评、教师评阅指导，筛选好的思想建议条目分享给全体学生；并在课程总分中设立自评、互评专项分数和奖励分数，鼓励学生自强自信，增强对所学知识与新技术的运用能力。

 课程思政效果

学生没有去过像大飞机、核电工厂等现场，更没有高端装备复杂程度和技术需求的概念。但通过课程训练，学生能够了解我国高端装备的发展、现状和未来，了解其先进性和复杂性，体会专业知识和新技术的重要性，虚拟技术的过程、特点和效能，以及绿色制造的概念。

所有交互操作的案例成果，均为上海理工大学师生自行开发，尤其是大飞机这种高端装备。上海理工大学本专业大量本科学生通过参与项目，对虚拟技术的特点、效能以及自身的能力有了充分的认识，也激发了学生的学习动力和主动性。整个课程过程中，不再需要老师督促，班级绝大部分同学都能提前、超额、高质量地完成任务。创新思维和对自身及课程的建议，每届学生都有大量积累，同时学生的虚拟制造技术设计成果能有效地补充和改进教学内容。

 工业机器人课程思政教学案例

 课程基本信息

（一）课程思政教学定位

工业机器人课程作为一门涉及多个前沿学科交叉的课程，综合了机械、计算机科学、控制理论、力学、电子工程、人工智能等学科的最新技术，着重介绍机器人结构设计、控制理论、编程语言和应用等基础理论和技术方法。通过本课程的学习，多维度地锻炼学生灵活应用专业基础理论知识的能力，夯实学生进行创新的知识基础，激发学生参与科技创新的热情，推动工业机器人技术领域创新人才培养，对接

《中国制造 2025》、"上海全球科创中心建设"等国家和地方发展的重大战略。

（二）课程思政教学案例设计思路

随着全球经济一体化发展需要，科学技术成为推动国民经济发展的重要力量。创新作为一个国家长盛不衰的动力，国家之间的竞争更加体现为以自主创新能力为核心的综合国力的竞争。机器人技术的飞速发展，推动着信息技术革命和工业自动化不断加速深化，引发全球新一轮技术革命猜想，并且机器人技术极有可能成为"第四次产业革命"的支撑性技术。机器人技术已成为重要的创新教育源泉和载体。工业机器人作为《中国制造 2025》的重点研究领域之一，是实施自动化生产线、智能制造车间、数字化工厂、智能工厂的重要基础装备之一，是加速发展先进制造业、建设制造强国的重要装备。我国《机器人产业发展规划（2016—2020 年）》中明确提出，工业机器人的研发及产业化应用是衡量一个国家科技创新、高端制造发展水平的重要标志，大力发展机器人产业，对于打造中国制造新优势，推动工业转型升级，加快制造强国建设，改善人民生活水平具有重要意义。

以专业知识为载体，紧扣自主创新和制造强国的指导思想，结合我国工业机器人事业的发展成就、疫情防控和半导体制造等时事热点及国家决策措施方面进行课程教学环节课程思政设计。利用线上与线下相融合的教学方式和丰富的数字化教学资源，帮助学生直观理解、掌握专业知识内容，创造良好的课程思政教学氛围。通过丰富课堂教学环节和授课方式，充分调动学生参与课程学习的热情和积极性，提高授课效率和学生学习效率。通过灵活、轻松、互动的方式，实现思政教育与专业知识的有机结合，推进课堂德育的展开，提升学生对课程内容的掌握和吸收；增强学生自主创新意识和建设制造强国意识；激发学生参与科技创新的热情并增强学生勇于承担制造强国重任的使命感。

 案例教学设计

（一）教学内容和目标

教学章节为第二章第四节操作臂运动学方程。

通过与"新冠病毒疫情"时事相结合，展现工业机器人的应用与创新解决问题的方式，让学生认识到工业机器人的创新设计和应用，引导学生学习本节课重点知识"操作臂连杆变换和运动学方程的建立"。

学习目标：

理解连杆参数、变换矩阵、运动学正模型、逆问题求解等相关概念；

掌握操作臂连杆变换矩阵和运动学方程建立方法。

成果期望：

明确操作臂运动学中各个连杆之间的位移关系、速度关系和加速度关系；为操作臂轨迹规划奠定基础。

（二）教学过程及思路设计

1. 知识引入

案例　新冠病毒"战疫"中机器人的责任与担当

案例描述　目前，核酸检测是检查新冠病毒感染的主要手段，而咽拭子采样是目前诊断新冠病毒感染最主要的采样方法。咽拭子采集操作过程中医务人员须与患者近距离接触，具有较高交叉感染的风险；且采集咽拭子过程因医务人员水平差异、心理状态变化、操作规范程度等导致拭子质量容易出现问题，影响对病情的判断。为了解决新冠病毒患者生物样本采集交叉感染的问题、保证采样质量，有必要研发采样机器人代替人工采集。

钟南山院士团队与中科院沈阳自动化研究所联合提出了智能化机器人咽拭子采样的解决方案（如图3-14所示），采用机械臂与机器视觉技术相结合，以咽喉待采样部位为目标位置，通过运动分析，建立机械臂末端执行器的位置姿态（位姿）与各关节电机控制的关节变量之间的关系，实现安全、高效采样。此外，考虑到刚

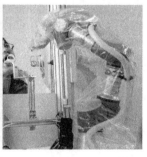

钟南山院士团队与中科院沈阳自动化研究所的咽拭子采样机器人

图3-14　咽拭子采样机器人

性机械臂所产生的大幅度运动存在潜在风险,且易使患者产生心理恐慌,北京航空航天大学生物医学工程高精尖创新中心仿生软体机器人实验室研究团队设计研发出一种软体咽拭子采样机器人(见图3-15),利用软体机器人的可变性,替代传统的刚性咽拭子,以软体咽拭子在受采样者咽喉部变形取代刚性末端在受采样者眼前的运动,进而大大降低了受采样者在面向刚性机器人时的心理恐慌程度,并提高了机器人的采样安全性。该软体咽拭子采样系统为可驱动一次性采样咽拭子的设计提出了创新方案,同时也对软体机器人应用于医疗领域提供了新的前景与发展思路。

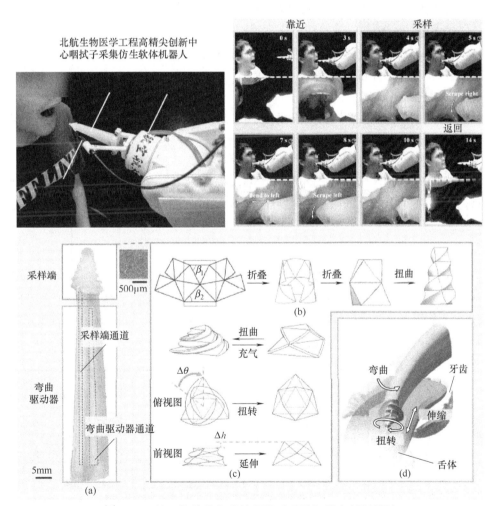

图3-15 基于软体操作臂的咽拭子采样机器人创新设计

思政目标 以工业机器人在新冠"战疫"中的实际应用展现了其在新一代全球产业革命中的引领作用，通过"共和国勋章"获得者钟南山院士团队研发的智能化机器人咽拭子采样系统以及北京航空航天大学仿生软体机器人实验室研究团队设计研发的软体咽拭子采样机器人，挖掘出"爱国、敬业"的社会主义核心价值观以及勇于创新、大胆实践的工作态度，引导学生对自主创新和制造强国进行深入思考。

2. 知识讲解

（1）操作臂运动学基本概念

结合典型工业机器人，讲解机器人连杆变换的基本概念和运动学方程的建立方法。

（2）连杆参数

掌握连杆和连杆连接的描述方法，明确连杆参数的定义，包括关节角、连杆偏距、连杆长度和连杆扭角。

（3）连杆坐标系

掌握大端法和小端法两种连杆坐标系定义方法，通过随堂练习，让学生主动思考，避免概念混淆。

（4）基于变换矩阵的运动学方程建立

推导相邻两连杆坐标系之间的变换矩阵，然后将这些变换矩阵依次相乘，得到以各关节变量为自变量的函数，即操作臂的运动学方程，表征末端连杆相对于基座的位姿关系。

3. 学习小结

如图3-16所示，基于知识的学习，再次以"咽拭子机器人"为例，回顾总结学习内容与逻辑，整个过程包括实际需求挑战、概念定义、运动学分析、设计和应用突破创新，鼓励学生掌握知识、勇于开拓创新，深刻理解技术自主创新是科技强国的重要途径。

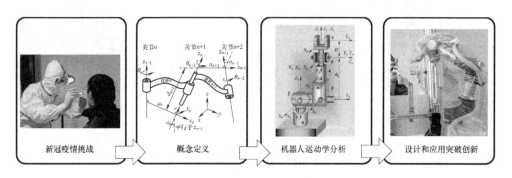

图3-16 学习小结

第三章 激发创新活力 勇担制造使命

4. 互动讨论与作业

利用"学习通"平台,设置线上思考与探讨的互动环节,布置作业(见图3-17)。通过讨论与思考让学生意识到全球面临新冠病毒挑战,通过机器人技术协助我们战胜病毒,鼓励学生利用所学知识积极开拓创新,解决目前亟待解决的人口老龄化、生产生活安全等问题。

图 3-17 线上讨论和作业

 课程思政效果

在这门课上,通过故事案例讲解、热点新闻展示等方法,带领大家勇于面对实际应用挑战,分析需求、突破创新,以实例彰显"爱国、敬业"的社会主义核心价值观以及勇于创新、大胆实践的工作态度,引导学生对自主创新和制造强国进行深入思考。通过"学习通"互动学习平台与学生进行互动,促进大家深入思考、学以致用。

第五节 机械创新及实践课程思政教学案例

一 课程基本信息

（一）课程思政教学定位

结合国家对创新的指导思想，基于 OBE 理念，机械创新及实践课程通过课堂讨论、动手实践、参加创新比赛等形式提高学生对创新的理解，培养同学们的工程创新意识和创新能力。同时，通过小组的形式进行项目设计制作，提高学生的团队合作能力和沟通交流能力。通过科技创新案例，培养和增强学生的爱国情怀和民族使命感。

（二）课程思政教学案例设计思路

创新是引领发展的第一动力，创新始终是推动一个国家、一个民族向前发展的重要力量。我们党在带领人民进行社会主义现代化建设的进程中，天宫、蛟龙、天眼、悟空、墨子、大飞机、高铁、北斗等重大创新成果竞相涌现，科技创新势头强劲，一些前沿领域开始进入并跑、领跑阶段，科技实力正在从量的积累迈向质的飞跃，从点的突破迈向系统能力提升。

紧扣科技强国的指导思想，引入轮转式发石车、港珠澳大桥和中兴事件等科技创新的案例，培养和增强学生的创新意识、民族使命感和爱国情怀。通过课堂讨论、动手实践、参加创新比赛等形式，实现德育与智育的有机结合，达到润物细无声的理想效果。

二 案例教学设计

（一）教学内容和目标

教学内容为创新设计的选题方法。

通过我国机械发展史上多个科技创新的案例，展现工业生产中机械创新对于国家及社会发展的意义。

学习目标：
理解创新的概念；
完成创新项目选题。

成果期望：
培养创新的意识；
为创新方案设计奠定基础。

（二）教学过程及思路设计

1. 知识引入

案例1　轮转式发石车

案例描述　三国时官渡之战，曹操曾使用"发石车"攻击袁绍的阵地。发石车像个大天平，一头挂着一个斗，斗里装满大小石头，另一头挂着许多根绳子，作战时，兵士们一齐用力拉绳子这头，装石头那头就飞快地翘起来，这样，石头就被抛出去打击敌人。这种发石车缺点很多，每发射一次，都要花费一些时间，而且效果不明显。马钧在原来作战用的发石车基础上，重新设计出了一种新式的攻城武器——轮转式发石车，利用一个木轮子，把石头挂在木轮上，这样，装上机械带动轮子飞快地转动，就可以把人石头接连不断地发射出去，使敌方来不及防御（见图3-18）。马钧曾用车轮子做试验，可以连续把几十块砖瓦射出几百步远（一步约合1.45m），这在当时来说，威力是相当大的。

思政目标　以"轮转式发石车的发明"案例展现我国古代著名机械发明家马钧的创新能力，培养和增强学生的创新意识和文化自信，引导学生对机械创新进行深入思考。

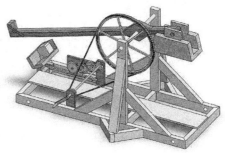

图3-18　三国时期马钧发明的轮转式发石车

案例 2　港珠澳大桥：超级工程背后的创新吊装工艺

案例描述　播放《中国正在说》栏目播出的节目视频"港珠澳大桥：超级工程背后的创新故事"吊装工艺技术片段（见图 3-19）。港珠澳大桥的海底隧道全长 6.7km，是世界上最长的公路沉管隧道，由 33 根沉管和 1 个合龙段组成，从水泥配比的研发到安装，每一根沉管都几乎分毫不差地完成了"海底穿针"，最终构成了港珠澳大桥的海底隧道部分。港珠澳大桥岛隧工程总工程师林鸣指出："创新并不是显示所谓的创造性，而是为满足需求另辟蹊径地完成工程任务。"这项超级工程背后创新地形成了 400 多项新专利，其中 7 项是世界上最好的，总体设计和关键技术都是自主研发的。特别是九洲航道桥桥塔的吊装采用整体竖转提升方案，也属国内首创，填补了用提升支架整体提升、滑移滑道竖转方式安装上塔柱领域的一项国内空白。江海直达船航道桥三座海豚塔的吊装则采用两台大型浮吊船协同作业，将 2000 多吨的钢塔在海上实现空中翻转，最后精确定位在承台上，其整个吊装工艺的研究历时两年，属世界首创。

图 3-19　港珠澳大桥"海豚"塔成功吊装

思政目标　本案例进一步体现创新思维的重要作用和创新项目选题中的社会需求导向，增强学生的责任感和使命感，树立科技兴则民族兴、科技强则国家强的信念。引导学生关注中国特色社会主义现代化背景下的科学技术和社会发展等重大问题，瞄准世界科技前沿，鼓励学生以民族发展为己任，勇于创新。

2. 知识讲解

（1）基于社会需求选题

正确地发现和捕捉社会需求是确定机械创新设计选题的最基本的途径。社会需求包括人们在生产和生活中的各种需求。我们的创新设计要基于满足大多数人的社会需求，而不是满足少数人的不正当需求。

（2）融合科技进步选题

科学技术的发展为机械创新设计提供了新的手段，开辟了新的创新领域。在创新设计中要充分利用先进的科学技术和方法，为创新不断融入新的动力。例如，激光、纳米、复合材料、石墨烯等新技术应用。

（3）结合生产发展选题

生产发展中，现代生产需要多道工序、多个行业协调平衡，薄弱环节的革新改进会促进整个生产水平的提高。各道工序需求的提高，不断地促进薄弱环节的革新，使现代生产在平衡中不断发展提高。例如，飞梭提高了织布速度，需要棉纱提速来适应；物流需要运输和装货平衡。

（4）根据遇到的"不方便"选题

生活中存在的"不方便"预示着对某种事物的"需求"，对"不方便"进行创新设计既可以保证创新设计的新颖性，又能保证创新设计的实用性。根据"不方便"确定创新设计的选题，是一种成功率比较高的方法。

（5）根据遇到的"意外"选题

生活中的"意外"对有准备的头脑来说是一种机遇，"意外"之中存在着一些未被我们认识的规律，抓住这些机遇就可以探索未知的规律。

（6）根据事物的关键弱点选题

根据事物的关键弱点进行有针对性的工作，可以做到事半功倍，从而快速取得创新成果。例如，针对化学功能复印机的弱点而发明的静电复印机。

3. 学习小结

通过逐层递进的案例，三国时期马钧发明轮转式发石车、港珠澳大桥超级工程创新吊装工艺等，不断增强学生的创新意识。创新的设计源于创新的选题，鼓励学生及时发现和捕捉社会需求，以当前科技进步和生产发展目标为导向，组建创新项目小组，合理地进行创新设计选题，并通过团队协作完成创新方案的设计，解决现有实际问题。

课程思政效果

通过轮转式发石车、港珠澳大桥等科技创新的案例，将文化自信、民族使命感和爱国情怀等思政元素渗透到学生的选题方法学习中，不断增强学生的创新意识，实现德育与智育的有机结合。

第六节 机器人技术基础课程思政教学案例

 课程基本信息

（一）课程思政教学定位

机器人技术基础课程是以机器人的旋转和直线运动关节为基本机构，研究机器人关节在不同坐标系中的位姿、速度和加速度转换关系，探索机器人关节的运动学、动力学、精度误差和机器人视觉空间建模方法。通过本课程的学习，使学生树立起为独创研制机器人而学习的激情，引导学生深入思考机器人本体的创新本质，激发学生为中国"智造"崛起而强烈主动作为的意识。

（二）课程思政教学案例设计思路

当前新一轮工业革命已经全面展开，为了提升我国制造业水平，并能在未来保持全球领先地位，2015年，我国启动了"中国制造2025"规划，将机器人产业的发展提升到国家战略层面，机器人的创新是该战略顺利实现的关键要素，机器人技术的创新并将其渗透到工业、民用、军工的各个领域，使之成为我国制造业的重要"法宝"。教学紧扣激发机器人技术创新和"智造强国"的指导思想，结合当前热点的机器人技术，与基础理论相结合，以OBE理念设置课堂教学，拟充分利用线上与线下融合的教学方式，扩充学生的知识面。以热点机器人模式原理分析与我国制造业发展应用进课堂等为主题，创建线上课程和微课小视频，增加学生对课程的参与度，丰富课堂教学环节和授课方式，调动学生参与课堂的积极性，激发学生在机器人技术方面的创新意识；培养学生为实现"中国制造2025"而努力掌握机器人新技术的使命感，在技术与理论的学习过程中实现育人的目的。

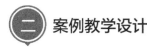 案例教学设计

（一）教学内容和目标

教学章节为第三章 3.3 节机器人运动学方程的建立。

通过多种不同的机器人结构模型，对机器人进行空间运动学的理论模型建模，让学生们认识到机器人创新的本质，引导学生学习本节课重点知识机器人运动学方程的建立步骤。

学习目标：

掌握机器人关节空间坐标系的建立及相关概念；

掌握机器人通用运动学方程建立的基本步骤。

成果期望：

掌握机器人关节空间坐标系的识别与建立；

掌握机器人相邻杆件位姿矩阵的建立和末端运动学方程的建立。

（二）教学过程及思路设计

1. 知识引入

案例 1　网红机器人的基本运动学原理分析

案例描述　四足机器人的基本原理是利用摆动曲柄滑块机构，是当前机器人界的网红产品，四足机器人是基于仿生原理设计的，并融合了大量人工智能（artificial intelligence，AI）技术、控制技术、信息处理技术等前沿技术，因此四足机器人也将作为综合平台为人机交互、仿生学、芯片及传感器研发等领域提供技术支持。在四足机器人领域中，我国科技产品也有着极高的技术水平和行业优势。机器人把减速机的旋转运动转换为驱动腿迈步的往复摆动运动，再利用简单连杆结构控制四条腿模拟动物的步态规律地进行爬行运动。四足机器人又被人们亲切地称为机器狗，相较于传统的轮式或履带式机器人，四足机器人有着更好的平衡性，从现在有的资料可以看到，其在瓦砾、陡坡及室内复杂环境中都有着较好的通过能力，并且能够和使用者进行很好的交互，因此四足机器人将来很有可能在巡检、安防及运输领域发挥独有优势。

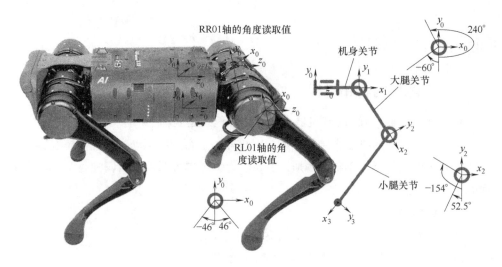

图 3-20　网红四足狗机器人的原理分析

其基本工作原理可简化为 4 个 3 联动坐标系的机构组合系统，具体分析见图 3-20 中坐标系，围绕原理分析对机器人的功能实现进行讲解，激发学生的创新热情。

思政目标　通过上面案例的学习，了解到四足机器人如何运动，运动机构由什么组成以及各种著名机器人的基本运动原理。使学生形成通过现象看本质的习惯，激发独创研制机器人的热情。

案例 2　我国在机器人技术方案创新的一些成就解读

案例描述　2019 年 1 月 3 日 10 时 26 分，中国的"嫦娥四号"探测器自主着陆在月球背面南极——艾特肯盆地的冯·卡门撞击坑内，实现人类探测器首次在月球背面软着陆。11 时 40 分，"嫦娥四号"着陆器获取了月背影像图并传回地面，这是人类探测器在月球背面拍摄的第一张图片。随后，"嫦娥四号"着陆器与它的月球车——"玉兔二号"顺利进行了互相拍摄，带有五星红旗的着陆器和月球车在月球背面留下了历史性的珍贵影像（见图 3-21）。嫦娥四号探测器实现了人类历史上首次对月球背面的软着陆就位探测，而此次基于探测数据的研究结果则成功揭示了月球背面的物质组成，证实了月幔富含橄榄石的推论，加深了人类对月球形成与演化的认识。"嫦娥四号"这次成功的探月活动成为我国航天事业的又一座里程碑。用祖国在航空航天方面取得的机器人成就，来讲解机器人运动学研究的问题。

嫦娥四号　　　　　　　　　　　玉兔二号月球车

图 3-21　我国在太空机器人方面的案例引入

思政目标　通过课程案例中的描述，使学生了解我国航天事业繁荣发展，这种大国重器是国家科技综合实力的体现，增强学生进行机器人创新的使命感和成就感，培养学生的大国工匠精神，让学生明白科技强国的重要性。

案例 3　工业机器人为中国智能制造大国的崛起发挥重要支撑作用

案例描述　近年来，机器人的应用越来越广泛，越来越多的机器人取代了原来工人的位置。机器人具有成本低，受环境影响小，适合重复简单工作，效率高，损耗小等优势。机器人适合应用到各个领域，其中主要可以应用在两大方面：一方面是可以应用在一些较为恶劣的环境中，比如焊接领域、热处理领域、压力铸造、冲压、机械加工以及一些原子能工业上；在一些物料搬运过程中，可能会存在一些对人体有害的物料，那么就可以用机器人来完成这部分工作，以减少对人体的危害。另一个方面是，如今工人需求增多，这样在一些产业链上，机器人可以进行简单重复枯燥的工作，就像分拣、焊接这些工作。通过了解应用过程中机器人的不同功能，讲解机器人的运动学问题，分析其正问题、逆问题是如何在应用中起到作用的（见图 3-22）。

思政目标　智能制造承载着我国崛起的中国梦，机器人作为智能制造中的主体，机器人的发展在很大程度上代表国家发展水平。建设世界一流的机器人行业，攀登世界科技前沿，使工业机器人为我国制造大国的崛起起到重要支撑。通过分析其主要的运动学问题，介绍了工业机器人在应用制造中的重要作用，为实施"中国制造 2025"奠定工业基础，激发学生为中国智能制造崛起而强烈主动作为的意识。

末端在空间的运动与各个关节的运动之间的关系。
正问题：已知关节运动，求手的运动。
逆问题：已知手的运动，求关节运动。

图 3-22　机器人在智能制造中的应用

2. 知识讲解

（1）机器人坐标系的建立

为了获取用于完整描述图 3-23 中的操作手位姿所需的信息，我们可在物体上任选一点描述其位置。在机器人学中，位置和姿态经常成对出现，于是我们将此组合称作坐标系，4 个矢量为一组，表示位置和姿态信息。例如，在图 3-23 中，1 个矢量表示指端位置，而另外 3 个矢量表示姿态。一个坐标系可以等价地用一个位置矢量和一

➢ 基座坐标系{O}——参考机器人基座的坐标系，它是机器人各活动杆件及手部的公共参考坐标系。

➢ 工具坐标系{T}——参考机器人末端手部的坐标系，也称机器人位姿坐标系，它表示机器人手部在指定坐标系中的位置和姿态。

➢ 杆件坐标系{i}——参考机器人指定杆件的坐标系，它是在机器人每个活动杆件上固定的坐标系，随杆件的运动而运动。

➢ 绝对坐标系{B}——参考工作现场地面的坐标系，它是机器人所有构件的公共参考坐标系。

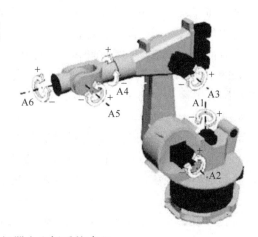

图 3-23　机器人坐标系的建立

个旋转矩阵来描述。注意到参考系是一个坐标系,在这个坐标系中除了姿态,还有一个位置矢量,它可以确定这个坐标系的原点相对于其他嵌入坐标系的位置。

① 机器人坐标系可分为如下几类:

a. 基座坐标系{O}——参考机器人基座的坐标系,它是机器人各活动杆件及手部的公共参考坐标系。

b. 工具坐标系{T}——参考机器人末端手部的坐标系,也称机器人位姿坐标系,它表示机器人手部在指定坐标系中的位置和姿态。

c. 杆件坐标系{i}——参考机器人指定杆件的坐标系,它是在机器人每个活动杆件上固定的坐标系,随杆件的运动而运动。

d. 绝对坐标系{B}——参考工作现场地面的坐标系,它是机器人所有构件的公共参考坐标系。

② 部分坐标系建立原则:

a. 基座坐标系{O}的建立原则:z轴垂直,x轴水平,方向指向手部所在平面。

b. 杆件坐标系{i},$i=1, 2, \cdots, n$,建立原则:z轴与关节轴线重合;x轴与两关节轴线的公垂线重合,方向指向下一个杆件。

杆件坐标系有两种:

第一种:z轴与$i+1$关节轴线重合(关节i末端为{i}坐标轴,末端型)。

第二种:z轴与i关节轴线重合(关节i初始端为{i}坐标轴,初端型)。

(2)机器人运动学研究的问题分析

末端在空间的运动与各个关节的运动之间的关系。

正问题:已知关节运动,求手的运动。

逆问题:已知手的运动,求关节运动。

数学模型的建立过程:

正问题:末端的运动→位姿变化→位姿矩阵 M。

逆问题:关节运动→参数变化→关节变量 q_i,$i=1, \cdots, n$,其运动学方程为 $M=f(q_i)$,$i=1, \cdots, n$

正问题:已知关节变量 q_i,求末端位姿矩阵 M。

逆问题:已知末端位姿矩阵 M,求关节变量 q_i。

运动学方程建立步骤

- 建立坐标系;
- 确定参数;
- 相邻杆件的位姿矩阵;
- 建立方程;

- 运动学方程的解；
- 确定参数；
- 杆件几何参数（不变）。

杆件长度 l_i 为两关节轴线的距离；杆件扭角 α_i 为两关节轴线的夹角。

（3）相邻杆件 D-H 参数的描述

相邻杆件的坐标关系采用 D-H 参数法进行讲解，具体的连杆坐标系的建立如图 3-24 所示，关于建立连杆坐标系的规定如下：

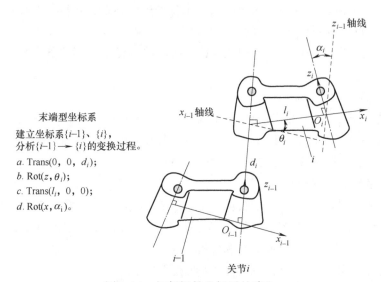

末端型坐标系
建立坐标系$\{i-1\}$、$\{i\}$，
分析$\{i-1\} \longrightarrow \{i\}$的变换过程。
a. $\text{Trans}(0, 0, d_i)$;
b. $\text{Rot}(z, \theta_i)$;
c. $\text{Trans}(l_i, 0, 0)$;
d. $\text{Rot}(x, \alpha_1)$。

图 3-24 相邻杆件坐标系的建立

① z_i 坐标轴沿 $i+1$ 关节的轴线方向；
② x_i 坐标轴沿 z_i 和 z_{i-1} 轴的公垂线，且指向背离 z_{i-1} 轴的方向；
③ y_i 坐标轴的方向须满足 x_i 轴、z_i 轴构成 $x_i y_i z_i$ 右手直角坐标系的条件。

用两相邻关节轴线间的相对位置关系来描述单根连杆的尺寸，主要包括两个参数。

① 连杆长度（link length）a_i 为两关节轴线之间的距离，即 z_i 轴与 z_{i-1} 轴的公垂线长度，沿 x_i 轴方向测量。a_i 总为正值，当两关节轴线平行时，$a_i=l_i$，l_i 为连杆的长度；当两关节轴线垂直时，$a_i=0$。

② 连杆扭角（link twist）α_i 为两关节轴线之间的夹角，即 z_i 与 z_{i-1} 轴之间的夹角，绕 x_i 轴从 z_{i-1} 轴旋转到 z_i 轴，符合右手规则时为正。当两关节轴线平行时，$\alpha_i=0$；当两关节轴线垂直时，$\alpha_i=90°$。

相邻连杆之间的参数用两根公垂线之间的关系来描述。

③ 连杆距离（link offset）d_i 为两根公垂线 a_i 与 a_{i-1} 之间的距离，即 x_i 轴与 x_{i-1} 轴

之间的距离，在 z_{i-1} 轴上测量。对于转动关节，d_i 为常数；对于移动关节，d_i 为变量。

④ 连杆转角（joint angle）θ_i 为两根公垂线 a_i 与 a_{i-1} 之间的夹角，即 x_i 轴与 x_{i-1} 轴之间的夹角，绕 z_{i-1} 轴从 x_{i-1} 轴旋转到 x_i 轴，符合右手规则时为正。对于转动关节，θ_i 为变量；对于移动关节，θ_i 为常数。

这样，每根连杆由 4 个参数来描述，其中两个描述了连杆自身的尺寸，另外两个描述了连杆之间的相对位置关系。

总结：机器人的每根连杆都可以用 4 个参数来描述，其中两个参数 a_i 和 α_i 用于描述连杆本身的特征，其数值的大小是由 z_{i-1} 和 z_i 两轴之间的距离和夹角来决定的。另外两个参数 d_i 和 θ_i 用于描述连杆之间的连接关系，其数值的大小是由 x_{i-1} 和 x_i 两轴之间的距离和夹角来决定的。

（4）机器人末端运动学方程的建立

① 关节运动参数：

关节平移量 d_i：相邻杆件的长度在关节轴线上的距离。

关节回转量 θ_i：相邻杆件的长度在关节轴线上的夹角。

关节变量：$q_i = s_i \theta_i + (1-s_i) d_i$。

② 相邻杆件位姿矩阵。

③ 末端型坐标系。

建立坐标系 $\{i-1\}$、$\{i\}$，分析 $\{i-1\} \to \{i\}$ 的变换过程。

Trans $(0, 0, d_i)$；

Rot (z, θ_i)；

Trans $(l_i, 0, 0)$；

Rot (x, α_i)。

$$T_a = \begin{bmatrix} 1 & 0 & 0 & 0 \\ 0 & 1 & 0 & 0 \\ 0 & 0 & 1 & d_i \\ 0 & 0 & 0 & 1 \end{bmatrix} \quad T_b = \begin{bmatrix} \cos\theta_i & -\sin\theta_i & 0 & 0 \\ \sin\theta_i & \cos\theta_i & 0 & 0 \\ 0 & 0 & 1 & 0 \\ 0 & 0 & 0 & 1 \end{bmatrix}$$

$$T_c = \begin{bmatrix} 1 & 0 & 0 & l_i \\ 0 & 1 & 0 & 0 \\ 0 & 0 & 1 & 0 \\ 0 & 0 & 0 & 1 \end{bmatrix} \quad T_d = \begin{bmatrix} 1 & 0 & 0 & 0 \\ 0 & \cos\alpha_i & -\sin\alpha_i & 0 \\ 0 & \sin\alpha_i & \cos\alpha_i & 0 \\ 0 & 0 & 0 & 1 \end{bmatrix}$$

$${}_i^1T = (T_a T_b)(T_c T_d)$$

$$= \begin{bmatrix} \cos\theta_i & -\sin\theta_i & 0 & 0 \\ \sin\theta_i & \cos\theta_i & 0 & 0 \\ 0 & 0 & 0 & d_i \\ 0 & 0 & 0 & 1 \end{bmatrix} \begin{bmatrix} 1 & 0 & 0 & l_i \\ 0 & \cos\alpha_i & -\sin\alpha_i & 0 \\ 0 & \sin\alpha_i & \cos\alpha_i & 0 \\ 0 & 0 & 0 & 1 \end{bmatrix}$$

$$= \begin{bmatrix} \cos\theta_i & -\sin\theta_i \cdot \cos\alpha_i & \sin\theta_i \cdot \sin\alpha_i & l_i\cos\theta_i \\ \sin\theta_i & \cos\theta_i \cdot \cos\alpha_i & -\cos\theta_i \cdot \sin\alpha_i & l_i\sin\theta_i \\ 0 & \sin\alpha_i & \cos\alpha_i & d_i \\ 0 & 0 & 0 & 1 \end{bmatrix}$$

$$^{i-1}_{i}T = \begin{bmatrix} \cos\theta_i & -\sin\theta_i \cdot \cos\alpha_i & \sin\theta_i \cdot \sin\alpha_i & l_i\cos\theta_i \\ \sin\theta_i & \cos\theta_i \cdot \cos\alpha_i & -\cos\theta_i \cdot \sin\alpha_i & l_i\sin\theta_i \\ 0 & \sin\alpha_i & \cos\alpha_i & d_i \\ 0 & 0 & 0 & 1 \end{bmatrix}$$

若杆件1的长度l_1=5
试求当机器人关节变量取θ_1=90°，d_2=10
时，机器人手部位姿。

i	d_i	θ_i	l_i	α_i
1	d_1	θ_1	5	90
2	d_2	0	0	0

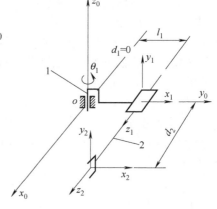

图 3-25　线上讨论及作业

$i-1$ 关节与 i 关节之间是旋转关系：$d_i=0$。

$i-1$ 关节与 i 关节之间是平移关系：$\theta_i=0$。

$${}_N^0 T = {}_0^1 T \, {}_2^1 T \cdots {}_N^{N-1} T$$

3. 学习小结

采用理论学习和实践并重的教学方法，基于理论学习，通过熟悉机器人的开发流程与设计方法，使学生能够掌握简易机器人的制作及编程的基本方法。回顾总结学习内容与逻辑，整个过程包括机器人的前沿技术和发展趋势简介、机器人学理论学习、机器人实践课，激发学生为独创研制机器人而学习的激情，引发学生深入思考机器人本体的创新本质，使学生具备为中国智造崛起而强烈主动作为的意识。再次鼓励学生努力掌握知识、勇于开拓创新，使学生明白大国重器和自主创新技术是科技强国的重要支撑。

4. 互动讨论与作业

设置思考与探讨的互动环节，布置作业（见图 3-25）。通过思考与探讨的互动环节和作业让学生学以致用，并深层次地了解机器人，掌握机器人，鼓励学生利用所学知识积极创新，解决目前亟待解决的大国重器和自主创新的技术问题。

课程思政效果

在这门课上，通过了解多种不同机器人结构模型，对机器人进行空间运动学的理论模型建模，让学生们认识到机器人创新的本质，引导学生学习本节课重点知识——机器人运动学方程的建立步骤。基于成果导向教育（OBE）理念设置课堂教学，充分利用线上与线下融合的教学方式扩充学生的知识面，以热点机器人模型原理分析与我们制造业发展应用进课堂等为主题，创建线上课程和微课小视频，增加学生对课程的参与度，丰富课堂教学环节和授课方式，调动学生参与课堂的积极性。以灵活、轻松、互动的方式，实现德育与知识的有机结合，推进课堂德育的展开，提升课程的授课质量，激发学生在机器人技术方面的创新意识；培养和增强学生为实现"中国制造2025"而努力掌握机器人新技术的使命感，在技术与理论的学习过程中实现育人的目的。

第四章

坚持生态优先
践行绿色发展

第四章 坚持生态优先 践行绿色发展

中华文明历来崇尚追求人与自然和谐共生,目前中国已将生态文明理念和生态文明建设写入《中华人民共和国宪法》,纳入中国特色社会主义总体布局。我国在"十三五"生态环境质量持续改善的基础上,"十四五"继续将这些指标作为约束性指标,显示出坚定不移走生态优先、绿色发展之路的决心。

本章以新时代中国特色社会主义生态文明建设为背景,聚焦生态优先、绿色发展。热工基础课程基于多角度、多案例展现水蒸气应用与创新解决环境能源问题,引导学生对生态文明建设进行深入思考;精密加工技术课程通过在课程设计中引入"绿色制造"强国战略,让学生牢记精密加工要符合绿色发展、可持续发展的理念;先进制造技术课程通过我国对铸造业的重视以及向高端铸造、绿色铸造的发展趋势,体现出"绿色生产、绿色管理"的价值与意义;机械工程综合实验 B 课程引入电梯事故的案例,强调了加强节能环保教育是践行科学发展观的需求,工业设计中节能是重要的标准之一;毕业设计课程选取了"风电自动爬升维修平台设计"课题展现风电绿色能源的发展应用与风电设备创新设计的紧迫性,让学生认识到风电设备智能化对我国实现绿色发展的重要促进作用,引发学生在风电设备智能化设计与创新应用方面的主观能动性。

本章的思政教学案例让机械专业的学生意识到在专业领域加强科技创新引领,促进传统产业绿色化改造,形成科技含量高、资源消耗低、环境污染少的工业产业结构的重要性,久久为功,代代守护好我们这片碧绿、这方蔚蓝、这份纯净。

第一节 热工基础课程思政教学案例

一 课程基本信息

(一)课程思政教学定位

热工基础课程以能量的转换和传递为主线,将工程热力学和传热学两大基本知识有机结合,研究如何提高热功转换效率、热能转换及传递基本规律。通过本课程的学习,学生应具备合理用能、节能和环保的意识,并可以深入思考相关技术的应用与创新,具有科技强国意识。

(二)课程思政教学案例设计思路

党的十九届五中全会建议将推动能源清洁低碳安全高效利用作为加快绿色低碳发展的重要内容,强调深入实施可持续发展战略,促进经济社会发展全面绿色转型，建设人与自然和谐共生的现代化，为推进生态文明建设注入了强大动力，提供了行动指南。紧扣节能减排和科技强国的指导思想，适当结合社会热点新闻和国家重要会议和指导文件，基于成果导向教育（OBE）理念，在课堂中充分利用线上与线下融合的教学方式，以社会新闻解读、国家航天解密、指导精神进课堂等主题创建线上课程和微课小视频，增加学生对课程的参与度，丰富课堂教学环节和授课方式，调动学生参与课堂的积极性。以灵活、轻松、互动的方式，实现德育与知识的有机结合，推进课堂德育的展开，提升课堂教学质量，增强学生的节能减排和创新意识，达到润物细无声的理想效果。

案例教学设计

（一）教学内容和目标

教学章节为第二章 2.4 节水蒸气。

通过多角度多案例展现水蒸气的应用与创新解决问题的方法，让学生认识到水蒸气的作用，引导学生学习本节课重点知识——工业用水蒸气发生过程动力。

学习目标：

理解汽化、凝结、饱和等相关概念；

掌握水蒸气的定压发生过程的定性描述及特点。

成果期望：

明确工业上所用的水蒸气在锅炉内定压加热产生的过程；

为定量描述水蒸气热力状态参数奠定基础。

（二）教学过程及思路设计

1. 知识引入

案例 1 全球缺水及"向天空借水的神器"

案例描述 水是生命之源，每个人都离不开水。为了让干旱地区能喝上安全的水，来自加州伯克利分校的团队，研发了一款"向天空借水的神器"，其独特的冷却系统可以 24h 不间断工作，利用温差就可以使空气中的水蒸气凝结，得到干净安全的饮用水（见图 4-1）。

思政目标 以实际案例展现目前全球水资源短缺状况，及科研团队利用水蒸气解决干旱地区缺水问题,挖掘出"保护资源、勇于创新"的价值观,引导学生对生态文明建设进行深入思考。

图 4-1　全球缺水及"向天空借水的神器"

案例 2　水蒸气的应用及蒸汽航母

案例描述　水蒸气具有良好的热力性质,来源丰富,易于获得,且无毒无味、无污染,应用极为广泛,从第一次工业革命到我国的蒸汽航母,都是水蒸气应用价值的体现（见图 4-2）。我国的辽宁舰、山东舰和电磁弹射航母，采用的都是蒸汽轮机常规动力，即通过重油锅炉烧开水，产生高温高压蒸汽，带动蒸汽轮机驱动螺旋桨。中国航母核动力正在稳步推进，值得自豪！

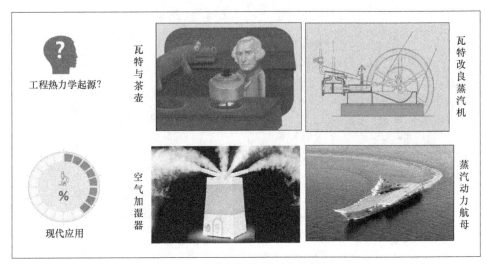

图 4-2　水蒸气的应用及蒸汽航母

思政目标　通过在课程设计中结合航天器、动力航母等大国重器设计与制造技术关键问题，以及我国国防事业和国家的和平稳定发展，体现"大国重器"的重要性，并让学生明白科技创新对资源高效利用的重要性。

2. 知识讲解

（1）水蒸气基本概念

结合日常现象，讲解水蒸气的基本概念及汽化与凝结的发生条件。

（2）水蒸气定压发生过程

结合动画生动描述水蒸气定压发生过程，明确工业上所用的水蒸气在锅炉内定压加热产生的过程（成果期望一）；采用对应色彩法清晰展现水蒸气定压发生过程，并在 p-v 图上表示，进一步理解发生过程。

（3）水蒸气与理想气体的差别

以提问的方式让学生思考并明确水蒸气与理想气体的差别，避免混用状态方程。

（4）查图法、查表法及例题

讲解水蒸气状态参数获得方法，由前面的定性描述过渡到定量描述。讲解查图法、查表法的使用。结合例题，让学生具备解决复杂的水蒸气热力问题的能力（成果期望二）。

3. 学习小结

如图 4-3，以图示学习思路为主线，基于学习的知识，再次以"向天空借水的神器"为例，回顾总结学习内容与逻辑，整个过程包括：观察现象—概念规律—过程分析—工程应用—开拓创新。鼓励学生掌握知识、勇于开拓创新，使学生明白科技强国离不开对自然资源与能源的合理利用。

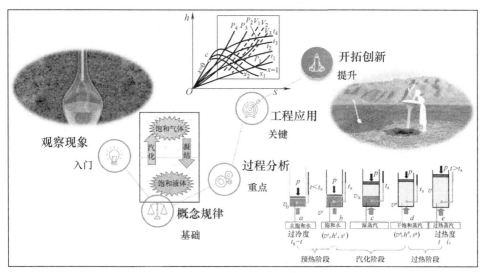

图 4-3　学习小结

4. 互动讨论与作业

设置线上思考与探讨的互动环节，布置作业（见图 4-4）。通过讨论与思考让学生意识到全球淡水资源状况不容乐观，水资源短缺、水质恶化是人类面临的严峻挑战；提高学生节水意识，思考生态文明建设的意义与做法；鼓励学生利用所学知识积极创新，解决目前亟待解决的资源、能源问题。

图 4-4　线上讨论及作业

课程思政效果

在这门课上,通过故事案例讲解、热点新闻展示等方法,带领大家观察现象、分析过程、总结规律,并且在课程结束后还会在 UMU 互动学习平台上"抛"给同学们一个开放性问题,促进大家深入思考、学以致用。

"高温水蒸气清洁器可快速除污杀菌""利用水蒸气爆碎设备可以有效将固体垃圾分解""可以利用水蒸气加湿空气,沉降污染物"……一堂课结束,学生纷纷在互动平台上留言,发表自己关于"如何利用水蒸气来解决某些生态问题"的想法。

"看到课堂上所学的知识转化成了现实,我感受到了什么叫作'学有所获''学有所用'。今后我会更关注生活中的点滴细节,多思、多悟、多行动,为合理用能出一份力。"上完这门课后,2018 级机械设计制造及其自动化专业本科生陈敬红颇有感悟。

 第二节 精密加工技术课程思政教学案例

 课程基本信息

(一)课程思政教学定位

精密加工技术课程主要介绍各类可实现高精度加工的传统与特种加工原理、工艺与方法,以及实现这类精密、超精密加工的关键技术。通过课程学习,学生应具备分析、理解相关精密和超精密加工解决方案技术优势和局限性的能力,以此理解精密加工过程中实现节能减排、环境保护和可持续发展的重要性,使学生具备绿色设计和绿色生产的理念。

(二)课程思政教学案例设计思路

本课程从古代经典讲到当今的国家政策,从华夏文明璀璨历史中挖掘思政元素,从党的百年奋斗历程中汲取丰富营养,结合实物展示、实践教学和小组讨论等教学模式,让学生对精密加工及制造业的整体格局和发展趋势及其与环境保护和可持续发展的关系有清晰、准确的认识；能够以绿色制造思想为指导，对精密加工制造领域的实际问题进行工艺路线的选择和优化。

 案例教学设计

（一）教学内容和目标

教学章节为第四章 4.1 节固结磨粒加工特点及原理。

以生活和工程中的加工实例为切入点，介绍固结磨粒加工的概念、特点和分类，重点介绍砂轮磨削的机理和特点。结合精密加工实验平台的参观与实践，引导学生掌握本节的重点内容，即砂轮磨具的关键要素、磨削原理和磨削温度。基于"以学为中心"的教育教学理念，明确本次教学的目标与成果期望。

学习目标：

了解砂轮磨具关键要素、磨削的原理以及磨削过程温度变化。

成果期望：

理解磨削加工机理与特点；

掌握磨削加工的应用前景。

（二）教学过程及思路设计

1. 知识引入

案例 1 玉不琢 不成器

案例描述 水凳是古人加工玉石的重要工具，由平台、麻绳、踏板、转轴、木桶、侧板、砣子构成，设有装水的木桶是为了让摩擦受热的玉石冷却，只需一人用双足踩蹬踏板，反复砣碾即可加工玉石（见图 4-5）。传统手工制玉虽然温润但费时费力，张广文先生在《玉器史话》中有一段记述，可见手工制玉的繁杂：玉器制造的工序极复杂，碾制一件玉器需要画样、锯料、做坯、做钿、磨光、刻款等主要工序。玉材硬度一般在七度左右，质地非常硬，普通金属刀具不能刻动，加工时需要用琢磨法碾制。一般是在一个桌凳上安上脚踏皮带传动装置，带动一个砣子旋转，砣子有大有小，依加工需要更换，最小的砣子仅有钉头大小，砣子上加水，再加着一种极硬的"解玉砂"在玉材需要加工的部位，旋转碾磨，因而加工速度极慢。一件玉器，不仅材料贵重，制造时所用工时也非常浩繁，特别是清代宫廷制玉，速度极慢，成本相当高。例如乾隆三十年七月苏州解办的青白玉大碗，高三寸五分，口百五寸八分，每件做坯用六七十工，打钻掏膛九十一工，做钿六十三工，光玉四十一工，镌刻年款四字做四工。由此而知清代制玉用工之一斑。

思政目标 以古代玉石磨削的烦琐工艺为切入点，让学生认识到，实现精密加工的过程就是一个不断锤炼和提升的过程，精密加工技术为提高生产效率、减少资源消耗，实现绿色生产提供有力保障。

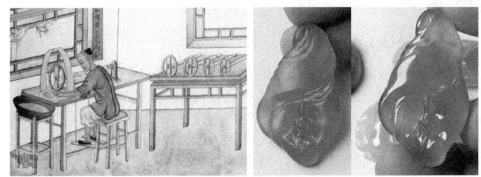

图 4-5　玉不琢　不成器

案例 2　绿色制造强国战略　精密加工从我做起

案例描述 全面实施绿色制造工程是制造强国建设的战略任务，也是推进供给侧结构性改革的重要举措。时任工信部节能与综合利用司司长高云虎曾表示："不管是从传统制造向先进制造发展，还是从过去的粗放式向集约式发展，从过去的高消耗、高投入、高排放向资源节约型方向发展，都属于转型升级的工作范畴。"因此，绿色制造和绿色发展不仅包括对能耗和物耗等生产成本的节约，更应包括对污染物排放的严格控制。

磨削液是磨削加工中用于润滑、冷却，甚至清洗、防锈的重要媒介，但也属于污染比较大的工业废水（见图 4-6）。因此，国家明确规定废旧磨削液必须经过处理后才能进行排放。磨削液排放前通常需要经过蒸发浓缩处理（采用磨削液废水处理设备或低温蒸发器），使废水进入低温真空蒸发器并在真空低温条件下蒸发，水蒸气在抽真空过程中冷凝形成蒸馏水，收集至清水储存罐中，剩余的微量废物再外协进行处理。通过蒸发器废水量可减少 95% 以上，且蒸馏液可回用或再进一步处理达到中水或排放标准。

思政目标 通过在课程设计中引入"绿色制造强国战略"，让学生牢记精密加工要符合绿色发展、可持续发展的理念，培养学生的工程伦理意识和严谨的治学态度。

2. 知识讲解

（1）固结磨粒加工中的磨削加工

从生活和工程中的实例，如圆轴、玻璃等的加工为切入点，结合实物展示，介绍磨削加工的概念、特点和分类。

（2）砂轮磨削加工机理

利用视频、动画结合文字等丰富的形式深入浅出地描述砂轮磨削加工中材料去除的过程以及磨削产生的亚表面缺陷、残余应力、磨削温度的变化情况等，了解磨削加工的基本流程和主要技术难点。

图4-6　精密加工中的磨削液

（3）磨削不同材质工件的异同

以提问的方式让学生思考并明确不同材质工件，如金属材料和硬脆材料磨削过程的相同点与不同点，让学生明确磨削加工的本质和前景。

3. 学习小结

课堂上通过"玉不琢　不成器"和"绿色制造强国战略　精密加工从我做起"两个生动案例引入课程知识，结合磨削实物展示和实践教学体验，让学生深刻理解精密加工技术对节能减排、可持续发展的重视，在专业领域树立起清洁生产、高效加工、智造强国的理念。

4. 互动讨论与作业

以作业形式设置课题思考与探讨的互动环节。让学生以小组为单位进行磨削加工案例收集和资料整理，在下一次课上每个小组分配5~10min时间进行案例展示，展示方式主要为PPT结合视频的形式，展示完毕，小组间进行交流研讨。通过案例收集、课堂展示和交流互动，进一步加深学生对精密加工、精密磨削的理解，提高学生对绿色制造涵义的认识。

 **思政效果**

在课堂内引入思政案例教学，极大增强了学生的学习热情，同时学生在老师的指导下亲手操作磨粒加工设备，通过实践教学和启发式教学，实现以知促行、以行求知的思政教学效果。学生将课上悟到的"绿色制造"思想应用于课堂内外的学习和生活中，积极思考与凝练，将这一理念应用于创新设计和工程实践，多名本科生获得相关发明专利和校级及以上创新创业大赛荣誉。

第三节 先进制造技术课程思政教学案例

 课程基本信息

（一）课程思政教学定位

通过学习先进制造技术课程，学生应掌握先进制造技术、现代设计技术、先进制造工艺材料与装备、制造自动化技术，能够从先进制造技术的概念、内涵、体系结构和发展趋势，从现代设计理念、先进制造工艺材料与装备及制造自动化技术等方面对工程项目的社会影响进行多角度评价，并采取合理措施降低或避免其不利影响，树立绿色环保、可持续发展的理念，理解环境保护和社会可持续发展的意义和内涵。

（二）课程思政教学案例设计思路

要广泛形成绿色生产生活方式，建设美丽中国，建成富强民主文明和谐美丽的社会主义现代化强国，这都要求我们加快生产生活方式的绿色转型。在先进制造领域，绿色发展方式倡导构建以产业生态化和生态产业化为主体的生态经济体系，以节能、降耗、减污为目标，以管理和技术为手段，实施生产全过程污染控制，使污染物的产生量最少化，并提供更多优质生态产品。本课程通过国家政策、社会新闻、科技发展等案例，让学生意识到加强科技创新引领，促进传统产业绿色化改造，形成科技含量高、资源消耗低、环境污染少的工业产业结构的重要性。

第四章　坚持生态优先　践行绿色发展

二 案例教学设计

（一）教学内容和目标

教学章节为第三章 3.2 节先进材料成型技术。

通过多角度多案例展现清洁（绿色）铸造技术的具体应用，让学生们认识到采用洁净的能源可减轻空气污染以及铸造机器人或机械手可以代替工人在恶劣条件下工作的优点。

学习目标：
理解绿色铸造的概念和关键技术；了解绿色铸造的特点和优势。

成果期望：
明确绿色铸造与传统铸造的区别；可以合理评价绿色铸造的优势。

（二）教学过程及思路设计

1. 知识引入

案例1　传统铸造与绿色铸造

案例描述　中国是铸造大国，传统铸造污染包含水污染、大气污染、固体废弃物等几大方面，其次还有噪声、余热、能耗、温室气体排放等问题（见图4-7）。通过对比目前的废砂再生处理技术（见图4-8），让学生意识到利用科技创新、加快传统转型对环境保护的重要性！

图 4-7　传统铸造的危害

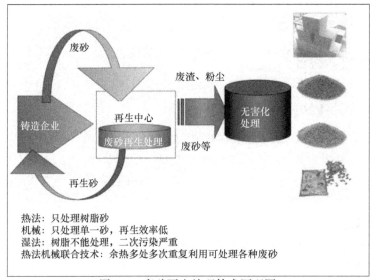

图 4-8 废砂再生处理技术原理图

思政目标 以实际案例展现目前铸造领域的污染问题，以及通过科技创新后所带来的改善，体现出"绿色生产、绿色管理"的价值与意义，引导学生对绿色铸造进行深入思考。

案例 2 铸造机器人的应用

案例描述 铸造是机械制造行业最主要、最基本的工序之一。传统铸造过程中主要的职业病危害因素是粉尘，其存在于铸造的多个环节中，长期吸入铸造粉尘可引起铸工尘肺！铸造机器人配置了耐高温、耐腐蚀和耐酸碱的涂层，并且最大限度地提高生产效率，降低生产的成本，特别适合装备在铸造和锻造工业的恶劣环境中，代替人工，以减少健康损害（见图 4-9）。

传统铸造现场废气对工作人员健康危害很大

现代铸造机器人

图 4-9　铸造机器人代替工人在恶劣条件下工作

思政目标　通过实际案例充分展示铸造机器人不仅可以代替工人在危险的环境中工作，还可以保持灵活、持久、高速的生产流程，让学生明白随着工业生产流程的自动化，工业机器人的应用会越来越广泛，应当充分利用科技发展，实现工业生产中对人员健康与环境的保护。

2. 知识讲解

（1）铸造基本概念

结合日常现象讲解铸造的基本概念。

（2）铸造的发展历史

铸造是人类掌握比较早的一种金属热加工工艺，已有约 6000 年的历史，通过学习铸造的发展历史，学生可以了解铸造技术发展过程中的关键因素。

（3）铸造的分类及工艺过程

分别具体讲解砂型铸造和特种铸造的原理与过程，让学生对铸造工艺及其特点有清晰的认知。

（4）行业特点与发展趋势

铸造是现代机械制造工业的基础工艺之一，因此铸造业的发展标志着一个国家的生产实力。我国铸造业从"八五"一直到"十四五"的发展历程，体现出我国对于铸造业的重视以及向高端铸造、绿色铸造的发展趋势。

3. 学习小结

回顾总结学习内容与逻辑，再次鼓励学生利用所学知识推动科技发展的同时，树立建设生态文明的意识。

4. 互动讨论与作业

设置线上思考与探讨的互动环节，布置作业。通过参与讨论"除了案例中改善铸造污染的方式，还有哪些措施可以避免污染？"让学生搜寻绿色铸造的案例，更加深刻地理解铸造作为重要的机械工业基础工艺，在信息高速发展的今天，除了要提高铸造的生产加工效率、生产质量外，实现绿色生产、减少环境污染才是广大铸造工作者必须要面临的问题。

三 课程思政效果

在这门课上,通过故事案例讲解,带领学生观察现象、理解概念、掌握工艺过程、了解发展趋势,在互动学习平台上设置开放性问题,促进大家深入思考、学以致用。

基于这堂课所构建的"以科技创新促进传统产业绿色化改造",学生在期末大论文汇报中通过对其他先进制造工艺的探索,很多学生都提到了绿色制造相关的内容(见图 4-10),如:3D 打印对于资源利用率的提升;海上风机的必要性及与清洁能源的关系等。使学生意识到先进制造技术的发展除了科技含量高,还要关注是否资源消耗低、环境污染少。

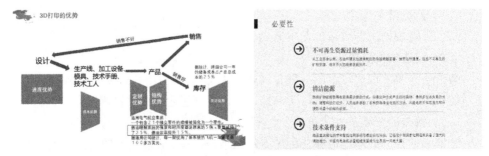

图 4-10　学生汇报中对于资源利用率的关注

第四节　机械工程综合实验 B 课程思政教学案例

一 课程基本信息

(一)课程思政教学定位

机械工程综合实验 B 由机电一体化综合实验、制造技术综合实验和数控技术综合实验 3 个模块组成。通过 3 个模块教学内容的实践,掌握制造加工工艺,机械装配工艺、切削原理及刀具选用、气动技术、PLC 控制技术、数控装备制造、零件加工及编程等基本专业知识。采用符合工业标准的模块化元器件、机械功能部件、工业传感器、专用设备和计算机仿真软件构建实验教学平台,使学生在课堂中直接感受和使用工业设备。将理论知识应用于工程实践,培养学生的科学思维及动手能力。始终以培养"工程型、创新型、国际化"的全方位、复合型人才为目标,按照"基础原理验证性实验、设计性实验、综合性实验、创新性实验"的思路来逐步提高学生动手能力,让学生从原理到实际应用来逐步理解和应用所学知识,最后有机会进行创造性的综合实验,并能够理解和评价针对复杂机械工程在实践中对环境、社会可持续发展的影响。

(二)课程思政教学案例设计思路

在实验过程中引入案例,加入思政,以学生讨论设计为主,教师启发式答疑解惑为辅,根据现实提出问题,依据基础理论设计实验环节;通过直观的实验结果对工程技术现象和问题进行剖析,使学生从"问题发掘"向"自主创新"方向延伸。结合实际生活案例,生动描述各种情形,授课过程中注意师生互动,激发学生的思维和参与度;以分组讨论、小组总结的方式,让学生在实际操作过程中,具备解决复杂工程问题的能力并培养良好的团队合作精神。通过对复杂工程问题进行分析、设计、编程和调试等实际操作,学生可以深刻理解掌握机械设计与制造、控制技术和数控加工等知识和技术的重要性,理解环境保护和社会可持续发展的意义和内涵,能够对工程项目的社会影响进行多角度评价,并采取合理手段降低或避免工程项目中的不利影响。

案例教学设计

(一)教学内容和目标

本次教学章节为机电一体化综合实验第 2 个实验——PLC 三层电梯仿真控制。

通过了解电梯的控制过程,引导学生设计控制程序,在实验箱上完成三层电梯控制的模拟,最后在电梯模型上验证控制程序的正确性,引导学生掌握使用 PLC 实现自动控制的思路和编程方法。在综合实验过程中通过团队合作共同解决机械工程领域的相关问题,并能够正确认识团队合作对解决机械领域复杂工程问题的意义和作用。

学习目标:

掌握 PLC 的基本工作原理、基本构成、使用方法、编程语言;

能独立完成小型 PLC 控制系统的分析、设计、编程和调试。

成果期望:

运用 PLC 实验平台完成指定项目的设计与调试;

学会使用可编程控制器进行一般控制系统的设计,在控制方案设计上能展现出创新思维和创新能力。

（二）教学过程及思路设计

1. 知识引入

案例 1　等电梯等到"心碎"

案例描述　早上被窝内外的温差导致你比平常晚起了 20min，你飞快洗脸刷牙，穿鞋的同时叫了一辆网约车。路上堵了半天，一下车你就飞奔进入大楼，因为还有 5min 就要迟到，迟到扣工资 100 元。还好有 2 部电梯正在从 -2 层上升，你舒了口气，心想 3min 后就能到达你的楼层打卡。你看着电梯按钮旁显示的数字：-2，-1，2，3，4……电梯在 -1 层已经满了，这是设计的电梯！针对早高峰电梯拥堵情景，有些电梯设置了多按键优先，通过介绍实际生活中乘坐电梯的具体场景，让学生思考电梯的控制逻辑、升降策略的优化问题（见图 4-11）。

图 4-11　早高峰拥堵情景与多按键优先

思政目标　电梯的设计要科学合理，低效率地使用电梯不仅浪费能源，而且过早的损耗也容易造成故障增多，寿命缩减。加强节能环保教育是践行科学发展观的需求，工业设计中节能是重要的标准之一。

案例 2　电梯事故

案例描述　1998 年 9 月 24 日，山东某银行的电梯出现了一起开门走梯的事故。那天一位乘客进入轿厢选好层，站在门口等人一同乘梯，就在这时，电梯开着门却以正常速度向下运行,将这位乘客的头与下颌在轿厢上沿和地坎之间挤压,造成重伤。垂直升降电梯与自动扶梯都存在安全隐患(见图4-12)。

图4-12 垂直升降电梯与自动扶梯安全隐患

思政目标 引入电梯安全问题的讨论,加强学生安全意识。在设计控制系统时,应该全面考虑、谨慎思维,完成的控制系统必须兼顾安全性与可靠性。向学生渗透系统可靠性、稳定性在安全方面的巨大意义,从而加强学生的安全教育,教育学生主动承担社会责任。

2. 知识讲解

(1)实验名称——三层电梯仿真实验

实践教学是理论联系实际的有效途径,是培养创新能力和解决实际问题能力的重要环节。电梯控制是实践性和应用性都很强的项目,实践教学是机械专业教学中不可缺少的环节。通过实践教学学生能直观、透彻地了解电梯的结构和功能原理,可以激发学生对机械制造专业的学习兴趣和学习能动性。

通过对曳引式电梯的结构讲解(见图4-13),使学生了解电梯的基本组成和安全注意事项。传统的电工学实验,因学时较少,可编程控制器的实验以验证性实验为主,学生很少能做综合性、设计性的实验。本实验以PLC控制电梯为工程背景,让学生了解电梯的控制过程,引导学生自己设计控制程序,在实验箱上完成三层电梯控制的模拟(见图4-14)。

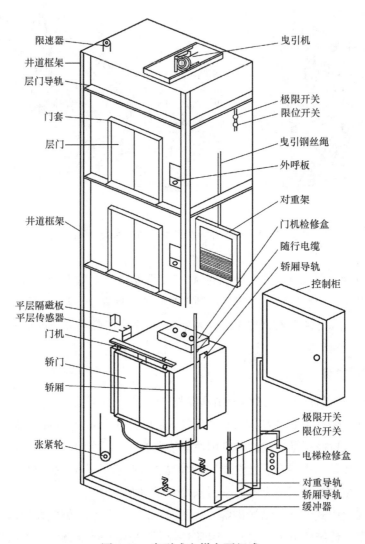

图 4-13 曳引式电梯主要组成

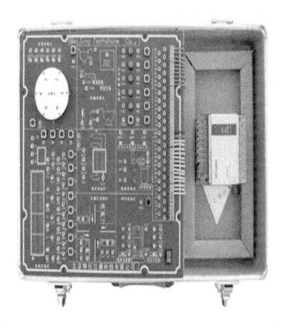

图 4-14　PLC 实验箱

（2）实验要求（见图 4-15）

1. 自动响应楼层召唤信号（含上、下召唤）
2. 自动响应轿厢服务指令信号
3. 在升（降）过程中不响应反向呼叫信号，除非接下来再无其他呼叫请求
4. 具有最远反向外呼功能
5. 电梯到达相关楼层后自动开门，3s 后自动关门

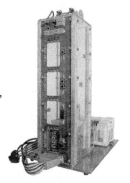

图 4-15　实验要求

（3）电梯模型端口功能说明（见表 4-1、表 4-2）

127

表4-1 输出端口(共14个)

序号	名称	功能说明	I/O性质	备注
1	FL3	3楼楼层指示灯	输出,接PLC输出端口	高电平点亮
2	FL2	2楼楼层指示灯	输出,接PLC输出端口	高电平点亮
3	FL1	1楼楼层指示灯	输出,接PLC输出端口	高电平点亮
4	FMQ	蜂鸣器(电梯开门)	输出,接PLC输出端口	高电平有效
5	LED	电梯关门	输出,接PLC输出端口	高电平有效
6	TD	电机启动控制	输出,接PLC输出端口	高电平时电机启动,低电平时电机停止
7	ZF	电机升降控制	输出,接PLC输出端口	高电平时电梯上升,低电平时电梯下降
8	PB03	3楼下按键指示灯	输出,接PLC输出端口	高电平点亮
9	PB04	2楼上按键指示灯	输出,接PLC输出端口	高电平点亮
10	PB05	2楼下按键指示灯	输出,接PLC输出端口	高电平点亮
11	PB06	1楼上按键指示灯	输出,接PLC输出端口	高电平点亮
12	PC03	到3楼按键指示灯	输出,接PLC输出端口	高电平点亮
13	PC02	到2楼按键指示灯	输出,接PLC输出端口	高电平点亮
14	PC01	到1楼按键指示灯	输出,接PLC输出端口	高电平点亮

表4-2 输入端口(共13个)

序号	名称	功能说明	I/O性质	备注
1	P08	电梯实验启动按键	输入,接PLC输入端口	该按键没有指示灯
2	S3	3楼楼层位置传感器	输入,接PLC输入端口	
3	S2	2楼楼层位置传感器	输入,接PLC输入端口	
4	S1	1楼楼层位置传感器	输入,接PLC输入端口	
5	PB3	3楼下按键	输入,接PLC输入端口	
6	PB4	2楼上按键	输入,接PLC输入端口	
7	PB5	2楼下按键	输入,接PLC输入端口	
8	PB6	1楼上按键	输入,接PLC输入端口	
9	PC3	轿厢内3楼按键	输入,接PLC输入端口	
10	PC2	轿厢内2楼按键	输入,接PLC输入端口	
11	PC1	轿厢内1楼按键	输入,接PLC输入端口	
12	PK1	开门按键	输入,接PLC输入端口	该按键没有指示灯
13	PG1	关门按键	输入,接PLC输入端口	该按键没有指示灯

电梯测试程序参考接线和编程时注意地址对应关系，三菱 PLC 里 X、Y 采用的是八进制。

（4）电梯控制流程（见图 4-16）

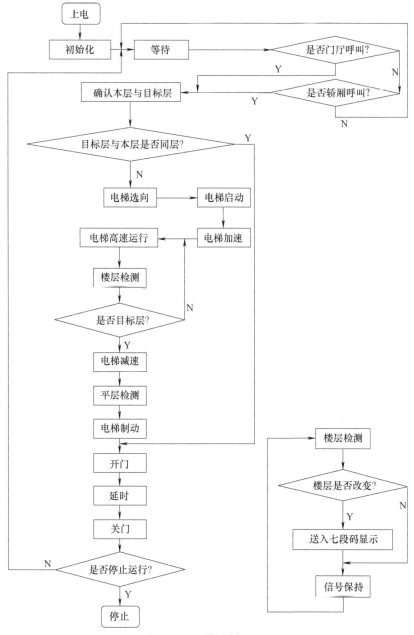

图 4-16 电梯控制流程图

（5）实验步骤（见图 4-17）

结合实际乘电梯的例子，生动描述曳引式电梯工作的各种情形。以分组讨论、小组总结的方式，重点讨论多个呼叫信号时电梯响应的顺序及优先级。授课过程中注意师生互动，激发学生的思维和参与度，让学生具备解决复杂工程问题的能力并培养良好的团队合作精神。

（1）按照分组进行电梯模型 I/O 的重新测试；
（2）分组完成电梯硬件接线任务；
（3）分析控制要求，先进行电梯复位的控制；
（4）完成电梯整体要求的控制；
（5）写入程序进行调试；
（6）进行电梯程序的创新设计。

图 4-17　实验步骤

3. 学习小结

通过 PLC 三层电梯控制的设计，实现了一般民用电梯的基本功能。按照电梯的控制需求，设计过程从简单到复杂，循序渐进：首先设计电梯的基本控制功能，实现自动响应轿厢内外的呼叫；然后增加电梯到站暂停 3s；最后增加电梯的自动和手动开关门功能。整个设计过程体现了从易到难，从基本到完善循序渐进的设计理念。由于设计过程实现了从程序设计、程序下载到实验箱的模拟运行和调试、实物电梯模型的运行和调试等完整的工程设计环节，具有真实的工程背景，激发了学生对 PLC 实验的兴趣，培养了学生的创新思维能力，同时也促进了实验室的进一步开放。

4. 互动讨论与作业（见图 4-18）

◆（1）进行电梯控制技术目前发展现状论述；
◆（2）每组进行具体控制方案的阐述；
◆（3）对硬件接线进行现场的部分重接；
◆（4）写入程序演示调试过程；
◆（5）总结项目完成的心得。

图 4-18　小组讨论

所设计的电梯系统功能有限，一些配套消防运行和检修慢速等运行过程没有进行相关设计，在实际运行中这些是必须考虑的。让学生时刻谨记安全性、可靠性在

第四章　坚持生态优先　践行绿色发展

制造业中的重要地位，同时要加强安全意识，拥有社会责任感。

三　课程思政效果

通过引入案例并结合实验器材的特点对电梯的基本组成和运行原理进行深入讲解，带领同学从硬件接线到软件编程、调试、验证并总结进行学习。课后针对实验课电梯模型的不足，让同学们主动查阅资料，详细了解真实电梯的节能环保控制和安全问题，促进大家深入思考、学以致用。

"当我们把自己编写的程序传输到 PLC 进行验证时，发现并没有按照自己预想的动作运行下去，经过反复检查才发现有时候只是因为一个小小的输入错误，这让我深刻感受到严谨在科研中的重要性。通过解决调试中遇到的各个问题，我们对 PLC 的理解得到加强，也看到了从理论和实践的差距。"上完这门课后，2017 级机械设计制造及其自动化专业本科生牛强感悟到。

第五节　毕业设计课程思政教学案例

一　课程基本信息

（一）课程思政教学定位

毕业设计是教学过程中最后一个重要环节，是人才培养质量的重要体现。课程的任务是使学生综合运用大学四年所学习的基本理论知识，对实际的工程产品进行设计，达到熟练设计机械产品的能力。毕业设计要充分考虑各类行业标准和国家规范，遵守职业道德和规范，具有法律意识，并能兼顾社会、环境、安全等多方面因素，保证方案的可行性；适应社会和市场的变化，不断改进和优化机械工程问题的解决方案。通过本课程的实践，学生应遵循绿色设计、绿色制造和可持续发展的理念，并针对具体课题将绿色环保理念应用于实际的产品设计之中，坚持生态优先，践行绿色发展。

（二）课程思政教学案例设计思路

课程以《风电自动爬升维修平台设计》课题设计为主线，响应党的十九届五中全会倡议，推动清洁能源安全高效利用，践行绿色设计、绿色制造，可持续发展的理念。由于绿色能源的大力推进，中国风电装机容量保持强劲增长势头，随着国内风电装机需求的增长，我国的风力发电行业也在不断地迅速发展，伴随风电行业的发展，对风力发电机日常维护的需求也日益强烈。本课题贯彻可持续发展战略，促进经济社会发展向全面绿色转型，推进生态文明建设更上新台阶。课题紧扣绿色能源和绿色设计的指导思想，切实立足时代需求，基于产出导向的理念（OBE 理念），在毕业设计环节充分了解我国能源发展的结构变化与发展趋势，深入分析我国风电行业的现状和痛点，以绿色能源发展为立足点，结合绿色设计与绿色制造技术，对风电设备进行创新设计与改进，提升我国风电设备技术水平，将毕业设计与职业发展和民族使命感深度融合。以国家先进制造设备需求为选题，自然实现德育与毕业设计的有机结合，推进课堂德育的展开，提升毕业设计的内涵，强化学生的可持续发展理念和创新意识，培养和增强学生的节能和环保意识。

案例教学设计

（一）教学内容和目标

教学内容为"风电自动爬升维修平台设计"课题。

基于案例及调研、分析，展现风电绿色能源的发展应用与风电设备创新设计的紧迫性，让学生认识到风电设备智能化对我国实现绿色能源发展的重要促进作用，激发学生对风电设备智能化设计与创新应用的主观能动性和使命感。基于成果导向教育理念（OBE 理念），明确本次设计的社会、经济与技术目标与研究成果期望。

学习目标：

理解风电应用前景、风电设备创新设计的必要性；

掌握风电自动爬升平台设计的相关技术及其特点。

成果期望：

明确风电自动爬升平台设计的总体方案及设计思路；

为方便维修风电设备及实现绿色设计、绿色制造奠定基础。

（二）教学过程及思路设计

1. 知识引入

案例 1　风电将持续领跑清洁能源

案例描述　煤电装机比重持续下降（见图 4-19），由 2015 年的 65%下降到 2020 年的 60%，非石化能源比重不断上升，特别是风电装机比重持续上升，"十一五"

期间风电年均增长率接近100%，国家规划建设8个千万千瓦级风电基地，2015年风电规模超1亿千瓦，2020年风电规模超2亿千瓦。风电规模的持续上升，使得风电设备需求快速增长。

思政目标 以实际案例展现目前风电绿色能源的发展趋势，为风电设备的智能化设计与制造带来了发展机遇，挖掘出"绿色设计、绿色制造"的价值观，引导学生对新能源应用建设进行深入思考。

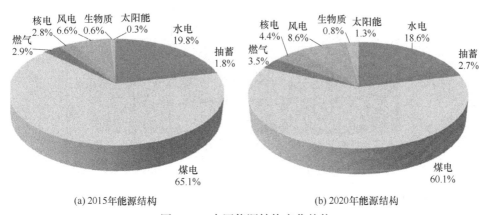

图 4-19 中国能源结构变化趋势

案例2　风电机组的维护装置

案例描述 要想更好地利用风能，风电机组是基础。大型风电机组一般高耸入云，它的关键部件的故障维修更是"难于上青天"。

漏风的发电机、受损的增速箱等都会让风电机组的工作效率下降甚至不能正常工作。目前，风电机组顶端的部件安装均靠大型可移动起重机实现，同时这些起重机也负责这些部件的维修服务。要将这些大型起重机运输到现场比较困难，组装周期较长，工作量大，租赁费用也相当昂贵。风电机组顶端离地面有70~105m，这个高度风速较大，起重机易受风速影响，经常出现因风速高而无法正常工作的情况。近年来风力发电产业迅速增长，使可使用的起重机资源越来越紧张。考虑到国内风电市场前期的快速扩张，风电机组相关配套件质量和性能尚不够成熟，在设备运营3~5年后设备故障问题将凸显。为此，设计出便捷式智能化自动爬升维修平台显得尤为重要。自动爬升维修平台是风力发电塔的配套设备，它用于辅助风力发电塔维护过程中的清洗、除锈、补漆、维修等工作（见图4-20）。此平台的主要功能包括爬升、定位、固定等，可代替庞大的起重运输装置，以实现节能减耗，契合绿色发展趋势，合理利用清洁能源。

思政目标 学生通过对"毕业设计"课程中风电自动爬升维修装置等风电配套装置设计与制造技术中关键问题的探讨与解决,为我国早日实现清洁能源大力普及应用贡献力量,让学生明白绿色发展、可持续发展的重要性。

图 4-20 风电机组的自动爬升维修平台

2. 课题解析

(1)整体设计

风电自动爬升维修平台的整体结构如图 4-21 所示。

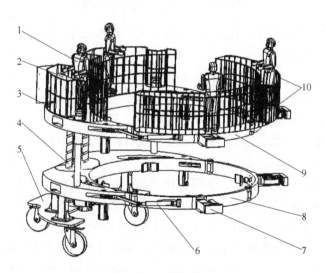

图 4-21 风电自动爬升维修平台的整体结构

1—操作者;2—控制柜;3—主操作平台;4—滚珠丝杠爬升系统;5—辅助运输平台;6—连杆抱紧装置;
7—伺服压机压紧系统;8—下夹紧装置;9—上夹紧装置;10—两个副操作平台

（2）工作过程

此风电自动爬升维修平台能够沿着风电塔筒的外壁自由地上下爬升，以便在不同的高度进行作业，这套设备配备有上下两部分夹紧机构，配合爬升装置实现上升或下降。

这套设备的工作流程如下：首先由人工推运的方式将工作平台靠近发电塔，然后在工作台上的电子操控面板上启动系统，控制上下夹紧机构的左右抱臂同时打开，推运平台使抱臂张口环绕在塔筒壁的周围，控制上下两个夹紧机构的左右抱臂闭合，用销将抱臂固定锁紧，上下夹紧机构分别配备有 4 个电缸，此时控制面板可控制总共 8 个电缸前顶进行压紧（前顶距离可调节），操作人员须先使下夹紧机构的缸体顶紧筒壁，从而使下部固定，再控制爬升装置推动上部夹紧机构及工作平台整体上升，导向柱辅助整个上升过程平稳运行，等到爬升装置推到行程极限后，控制上夹紧机构通过抱臂连杆机构以及电缸夹紧塔身，此时控制下夹紧机构松开，继续通过爬升装置使下夹紧系统以及辅助运输系统得以整体上升，行程结束下部夹紧，通过上下交替夹紧再利用电缸往复运动的特性，以此流程重复运作即可实现筒壁爬升。同理如果需要使平台下降着陆，则需将上述运作流程反向进行，即上部先夹紧，电控面板控制电缸前顶，使下部机构下降夹紧，再通过爬升装置使上部下降，依次循环，即可实现风电自动爬升平台的自由升降，施工人员也可以在两个工作平台间进行工作，由于风电自动爬升维修平台是环抱式结构，工作人员可以全方位对风电塔筒进行维护作业，直观、便捷而又高效。

（3）工作参数

以引导方式，让学生调研并分析思考，明确维修平台的工作参数。

平台针对风力发电塔设计，须对所适用的风力发电塔进行参数的确定，通过查询我国标准的风电塔筒的塔筒直径和材料规格，可以确定我国塔筒的最大直径接近 5m，但目前使用范围比较广泛的是 4m 左右的塔筒，因此以最大直径 4.5m 的风电塔筒进行设计，同时通过查找与筛选，获得此塔筒的材质与锥度，其设计参数如表 4-3 所示。

表 4-3 风电塔筒参数表

项目	塔高	塔筒最大直径	塔筒锥度	塔体的材质
数值	80m	4m	0.6°	Q345C、D、E

通过对企业的项目调研和估算，对设备设计后整体的质量进行限制，总体设备的质量不超过 4t，维修平台可容纳 4 人并带工具在上面进行作业，最大承载量 2t，

工作周期为 1h，包括爬升到顶再从顶爬下来，其中不包括工作人员的工作时间，即平台设计参数要求如表 4-4 所示。

表 4-4 平台设计参数要求

项目	平台总重	工作周期	最大承载量	工作人员
数值	≤4t	≤1h	≥2t	≥4 人

（4）方案比较

方案 1　环抱式风电爬升维修平台设计方案

此方案对风电爬升维修平台的设计采用环抱压紧的方式，采用滚珠丝杠进行爬升。具体方案如图 4-22 所示。

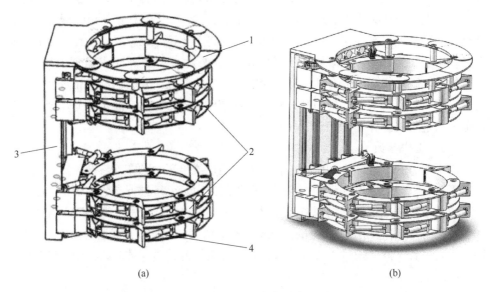

图 4-22　环抱式风电爬升维修平台设计方案图
1—可伸缩式维修平台作业面；2—上下两个环抱夹紧装置；3—滚珠丝杠爬升装置；4—电缸伸缩包装塔筒装置

方案 2　伺服压机压紧式风电爬升维修平台设计方案

采用伺服压机压紧式爬升装置，也就是后续采用的方案，该方案采用滚珠丝杠进行爬升，设计方案如图 4-23 所示。

将上述两种方案进行对比分析，结合绿色节能的设计原则，设计采用了第二种方案。

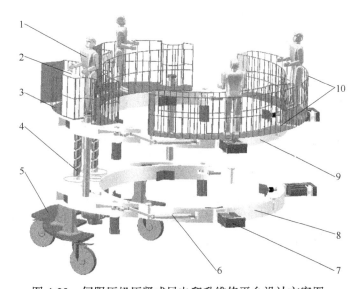

图 4-23 伺服压机压紧式风电爬升维修平台设计方案图

1—操作者；2—控制柜；3—主操作平台；4—滚珠丝杠爬升系统；5—辅助运输平台；6—连杆抱紧装置；7—伺服压机压紧系统；8—下夹紧装置；9—上夹紧装置；10—两个副操作平台

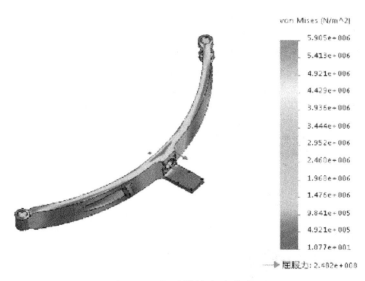

图 4-24 抱臂结构应力分布图

（5）动力选择

结合新能源应用，体现节能减耗，动力夹紧及传动方式均采用电动方式，替代现有的液压缸。一方面减少对环境的污染，另一方面优化了产品结构设计，践行绿色设计理念。

（6）结构优化

采用有限元分析软件对抱臂等关键结构件进行强度分析，优化结构件尺寸，使其受力分布更加合理，减轻结构件重量，减少材料的使用，实现轻量化设计。分析受力如图 4-24 所示。

3. 设计小结

如图 4-25 所示，以设计思路为主线，基于课题的调研，以"绿色设计、绿色制造"为基础，分析总结设计内容与逻辑，整个过程包括：课题调研—整体设计—结构设计—受力分析，鼓励学生面对需求勇于开拓创新，并让学生理解绿色设计和自主创新是我国实现绿色发展的重要途径。

1. 课题调研
2. 整体设计
3. 结构设计
4. 受力分析

图 4-25　设计小结

4. 互动讨论与辅导

建立思考与探讨的互动环节,让学生通过实际调研,了解我国风电能源的发展状况,找出存在的问题和须解决的关键技术。通过讨论与思考让学生们意识到风电设备创新设计的紧迫性,激发学生研究新技术的兴趣,提高学生对新能源发展应用的认识,思考生态文明建设的意义与做法,鼓励学生利用所学知识积极创新,解决目前亟待解决的设备创新、能源问题。

 课程思政效果

毕业设计过程中,通过案例分析讲解、热点新闻展示等方法,带领学生进行社会调研、分析问题、总结规律,并且在设计过程中不断深入引导,一步步将课题深入下去,顺利实现在课题设计过程中立德育人,将社会担当融入毕业设计的各个环节,真正锻炼学生的职业素养。